# 失業教我們的事

想吃雞腿，
就別勉強啃雞肋

洪雪珍——著

# 社會各界人士一致誠摯推薦（依姓氏筆畫排列）

青年失業是人生歷練不足，求生技能不夠。中年被失業是邊際效用遞減，長江後浪推前浪。洪老師能寫出一本既視感如此強烈、甚至有點血腥的職場求生寶典，不管是做老闆或是做員工，都值得一讀再讀。

PChome電子商務副總經理　吳德威

沒有一輩子的工作，只有一輩子的職涯。

未來職場的趨勢，變動快速，也充滿了不確定，終生雇用制早已成為歷史名詞，別夢想在一家企業工作到退休。在職場上，一生被轉職五次算是正常的。雪珍在書中透過每一個職場故事，提醒所有的上班族，在職時認真投入，轉職時客觀反思，失業時自我調適。無論你現在是在職場的哪個階段，都應該有當下的思維。

失業學，是目前上班族職涯發展的必修學分！

轉職資深顧問　李益恭

在這個瞬息萬變的時代，我們每個人都可能因為大環境的變動而「被失業」。然而在此之前，市面上卻沒有一本書教我們如何面對失業，今天，國內知名的職場導師洪雪珍老師這本《失業教我們的事》上市，給了所有在職場上打拚的夥伴們一個方向。透過洪雪珍老師自身的經歷跟大量的訪談，我們將學會如何把危機化為轉機，提前預防，不怕被失業，好好裝備自己！

人資經理／「職涯實驗室」社群創辦人　何則文

VUCA時代職場的變化難以掌握，中高齡就業者處境尤其險峻。雪珍老師以自己為例，訪談了各個年齡層奮力翻轉的個案，透過個案問題解析呈現給讀者。閱讀這本書可以知道在職場如何避雷；用什麼心態面對失業；如何在挫折中華麗轉身。

職涯諮詢師　林合鑫

現在的我已創業成功，但初出社會的那幾年，我五年換十個工作，被資遣三次。才發現，竟然「失業」離我這麼近！不斷的失業讓我潰敗，也讓我重生，而這本書就是上班族的「失業旅程教戰守則」，讓在工作中挫敗迷茫的你，不再害怕失敗，勇敢面對未知！

寶島淨鄉團創辦人、師大畢業典禮演講者　林藝

誠懇、全面、貼近現實！一本從心理、數據、實戰等方向分享的好書！美國人平均一生有近十二個工作，一年有約十％的人被裁員，跳槽的人則有二十％，失業率也約十％。失業就只是一個常態，一個讓你退一步，重新調整方向再出發的機會。如同書裡說的，優秀、努力的人也會失業，持續學習、創造自己的工作，就像運動選手，再厲害，也得下場休息一下。我自己曾經在情人節被裁員，當下很痛苦，但回頭看，那是一份禮物，讓我在下一份工作接觸了後來當紅的人工智慧大數據領域。推薦這本好書，善用你的禮物！

《追不到夢想就創一個》作者、前臉書資深主管　矽谷阿雅

失業肯定不是好事，但也不一定是壞事。

大多數人害怕看到「失業」這兩個字，因為不希望發生、不想要面對，也不知道怎麼預防。當真的發生了，才開始面對，卻又不知怎麼辦？也才懊惱為什麼不超前部署？

這本書透過許多的真實案例，就是希望讀者要開始正視這個發生的年齡層越來越低、也不管是人生勝利組或職場魯蛇都有可能面臨的生命難題。

我在二〇〇三年被迫離職，成為中年失業男，因此讀本書更能感同身受。雖然當下感到晴天霹靂，但好在持續進行的財務準備，至少讓我經濟無虞。失業雖是重大挫折，但我也因此得以陪伴子女成長，而不像大多數的父親都在此一階段缺席。

失業肯定不是好事，所以永遠要提早做好失業的準備，包括即早開始理財、培養第二第三專長、增加斜槓收入。

但失業也不一定是壞事，所以絕對不要懷憂喪志，誠如作者所說「何必再找工作？找收入吧！」我在失業後，成為暢銷作家，相信你也一定有機會華麗轉身，讓失業成為人生最好的禮物。

暢銷財經作家　施昇輝

我的第一次失業，是二〇〇五年剛從美國拿到博士學位回台。沒有那時的失業，也不會有後來七年韓國大學任教的特殊經驗，以及培養了韓語能力，外加投資韓國房地產及股票的成功。

我的第二次失業，是從二〇一三年回到台灣後近兩年的時間。透過那次的失業，我更加篤定自己要創業的想法，以及當上一流主持人的決心，也真的在幾年的努力之後，公司沒倒，同時也成為許多國際論壇主持人的首選。

人在順境的時候，傾向於安逸懶惰，唯有在逆境中才會痛定思痛，採取行動，進而峰迴路轉。洪雪珍老師說失業是人生的禮物，真的一點都沒錯。無論你現在「有業」還是失業，這都是一本值得你仔細閱讀的好書！

激勵達人　鄭匡宇

全書最犀利的一句話在於：「失業，是一個禮物。」這句話對年輕人而言，是祝福，也是打氣；對中老年人而言，則是極其刺耳的調侃。

我曾經中年失業，在那徬徨的三個月中，幸運摸索出一條新路，往後的二十年風帆暢順；然而摸索期的焦燥與壓力，至今難忘。

失業可以淬勵你的意志與能力，失業也讓你發現自己的不足，得失寸心知。體悟透徹的人，才配享受這份禮物。

洪雪珍的文字書寫，來自人生道路上的徹骨寒。痛過的人格外有感，還在摸索的人，或許可以借助文字的微光，看見遠方的出口。

國家電影及視聽文化中心董事長　藍祖蔚

「被失業是我們的宿命。能做的，就是準備好被失業。」身為流浪教師，這是我從大學畢業以來工作的常態。

開始看本書時，就好想分享給更憂鬱的同行，希望可以快點走出不斷循環失業的人生惡情緒。沒失業過的人不知道失業的苦，失業的人也不能體會、處理別人失業遇到的困境。的確如作者所言，是人就需要工作，最大的失業焦慮莫過於經濟壓力、親人朋友的特別關愛。

唉，書中真的每一點都引起共鳴，作者引了很多人的例子，稍稍撫慰了我的心，屬於常態失業的自己、被突發失業的人們、焦慮會失業的人、對工作不滿想要改變的人……人生際遇真的很無常。跟著書中細數自己的生命歷程，我也是想要讓自己過得更好的人，做了很多面對失業的嘗試，真要說來，自己也是精彩萬分，但還是可以更勇敢一點。

書裡所想所談，能帶給讀者信心，未來面對失業是常態這樣的生活，學習調適；當憂鬱的時候，再看一遍這本書，生命總會找到出路。

專業的流浪教師 Amity

人生很多功課是重複的，沒有通過的修行即使換個時空，依然必須面對。

職場上一向意氣風發的我，被挖角到一家高度競爭的服飾公司任職設計師，業績屢屢排行第一名。由於設計理念與市場認知與新任上司有所差異，最終無法認同上司的指教而負氣離開。

在職場炙手可熱的我，沒意識到金融海嘯帶來的失業潮，將近四個月謀職困難，雖然告訴自己有堅強實力不用害怕，但面臨家計與龐大開銷卻也常常輾轉反側，透過朋友介紹任職於目前這家公司。

十年來漸漸明白職場修行，有實力絕對是必須，人和與團隊精神才是謀事第一要件。但時代日益變遷，新冠疫情衝擊之下，我所任職的傳統產業來不及轉型，加上二代不願接班，終將熄燈，即將面臨中高齡被失業危機，這樣的真實故事在二〇二〇年不斷上演，實屬常態，只是失業之後的怎麼辦、何去何從也許能在書裡得到啟發。這本書適合推薦給年輕世代，及早安排好人生事業規劃，絕對是一件好事。

設計總監　Sarana

我從國立大學研究所畢業後，到科技公司任職。被解雇時，職階為總工程師，底下帶一組人。十一年來的貢獻，僅換來一句：「你明天就開始休息吧。」以及跟其他產業相比豐厚的解雇金，短時間不需要愁吃穿。

我不擅長與人溝通，但我很會做事，顯然這不是公司想要的，即便是實事求是的科技公司。被否定、過河拆橋的陰影及憤怒，讓我有睡眠障礙，生理及心理有些小狀況，源頭是：我感覺自己失敗了，不知道可以做什麼。

但我不想再把命運交給公司，也不願意再當雇員，花了一段時間，找到創業的項目。兩年來獲利逐漸穩定，家人問我，什麼時候才能走出被資遣陰影？也許要到收入可以超越科技業任職的同儕們吧。現在看了洪雪珍老師這本關於失業的書，讓我有機會重新整理自己的經驗與感受，早日破繭而出。

電商網站創辦人　大帥

我跟外子有個白手起家的小事業，三年前他外出運動時，被一輛無照駕駛的機車撞上，顱內出血。雖然沒有失去記憶，卻傷到了大腦中處理圖像辨識的功能。他年屆六十大關，跟許多的腦傷病人比起來，已是不幸中的大幸。目前生活尚可自理，不過反應及理解能力，還有閱讀、認路等都受到影響。因此，我們結束了打拚近四十年的事業。

家中經濟一向是外子在處理，我對退休完全沒有想法及規劃。幸好，一雙兒女在職場上努力打拚，並盡力協助我們，讓生活無虞。

女兒曾表示，自己原先也毫無危機意識，但看著我們完全沒有備案面對人生巨變，現在的她，凡事都會做最壞的打算，安排好保障。如同《失業教我們的事》提到，失業無法預防，但還是有些事情可以做好準備。若我們的故事能影響下一代，我想，這就是失業給我最大的禮物了。

退休媽媽　小慧

當時還是助理的我一心一意只想離職，沒有考慮太多就遞了辭呈，結果遇上新冠肺炎來襲，疫情期間不好找工作。待業了好幾個月，中間不停地找工作，也不停地碰壁，幸運的是，後來老東家的老闆問我要不要回去當業務，我一口答應。

謝謝當時遇到的挫折，讓我有更多的領悟，在那段時間努力進修與學習，變成不一樣的我。誰說失業一定是壞事？生命給的一切都是最好的安排！

出版社業務　安柏

為了大陸的家族紡織事業，三十八歲的我放棄電信產業高階主管的職位，決定到大陸奮力拚搏。七年後因家人相繼生病，太太獨自面對照顧的壓力和孩子成長，得了憂鬱症。

為了家人，我毅然放棄一切成就回台！

但紡織業於台灣已無發展空間，經過半年的努力，透過原電信業的人脈找到機會，卻是降三級的職位。過往在電信業或大陸，我都是高階主管，管理全台門市或操作全球的市場，回台後卻面臨基層管理工作，心態上完全無法接受大材小用！

但我告訴自己：「面對現況，才能往前邁進。」就如書中所說：「失業不是失去工作，而是得到人生。」

回台四年，現在的我不只有職場發揮的舞台，更多的是和孩子、家人相處的時光，這場中年失業，反而讓我奪回人生主導權！

交通運輸業經理人　艾力克斯

剛出社會那一兩年，因為年輕氣盛，套句老話就是：「一年換二十四個老闆，回家吃尾牙還早早。」總因為各種因素下自行離職，也曾遇到在學長的公司任職，因為發展新媒體，燒錢燒過頭，被裁回家吃自己。當時確實難過了一陣子，想說留下來的為什麼不是我。但很快的，我擺擺頭又投入下個工作，踏上下一段旅程。

頻換工作雖不是什麼值得驕傲的事，但是換得多了，類型也廣了，種種不同的工作經歷，終成為職場生涯的養分，也匯集成我的十八般武藝。每份工作的延伸，都能成為下個工作的踏階。對於這些「工作們」，不論時間或長或短，我都深深感謝你們。

目前我有一份穩定的工作，斜槓兼職編輯，並長期利用投資增加被動收入。所以在閱讀本書時，總有「對！就是這樣」的感觸，也特別想推薦給大家。

文字工作者　阿文

「其實我也是海嘯第一排。」

人生第三次加入新創公司，協同營運自媒體跨境電商平台苦熬四年，就在二〇二〇年準備擴張時，肺炎黑天鵝來襲，表面看似毫無相關，但其實我們是以人為基底的事業，這是我第二次被迫失業。

第一次是工作八個月時，某上市公司遭併購大量裁員。

過去總被挖角任職於新事業部門，不論是挺過各種經營風暴，還是在暴風圈裡站上巔峰，每一段都是淬煉，對於從零開始可說是一點都不陌生。即使如此，誓當全才的我反倒成了自己的阻礙，找不到該重新聚焦在哪裡，花了兩個月才能重新出發。

洪雪珍老師說：「站起來，冒險是最好的投資。」意外往往來得比想像的還快，唯有重組自己，向前走出另一條路，在另一個地方站起來，才可能出現令人驚喜的新契機。說的是如此真切中肯。

於是，我開始了第一次獨立創業，重新定義自己的品牌。

品牌行銷創業顧問　浩子

二十幾歲時，我進入外商，某日被叫到會議室，沒有任何轉圜下，當場被解雇。出了會議室，電腦權限已不在，通行證也即刻失效，由祕書盯著收拾東西，送我下樓。睡了三天，接到一個面試，很快到新單位報到。「被開除」的事，一直等到新工作穩定之後，才敢跟媽媽說。後來職涯路上，總是戰戰兢兢，深怕再次「被丟棄」。

十年後進入大型活動公司，擔任企劃。主管的行事風格與溝通模式，不斷耗損我的戰鬥力，開始每天起床第一件事情就是乾嘔反胃。

第一次被解雇，花了十年消化，首先認清「自己可以被取代」，不再覺得自己那麼重要，降低「被丟棄」的感受。接著練習換位思考：若我是主管，希望團隊是什麼模樣？不斷思考、反芻，我越來越了解自己，看清恐懼的源頭，時時有準備，做好防護，很認同職場專欄作家洪雪珍在書中討論的觀念與做法。

這一次，我不再「被丟棄」，自己提了離職後，準備創業。

資深行銷企劃　華華

〈自序〉
# 失業不是你想的那樣

「一隻鳥能選擇一顆樹，而樹不能選擇過往的鳥。」

——文學家 羅曼．羅蘭（Romain Rolland）

戴著耳機，我一邊敲著電腦，一邊聽著三十歲的黑黑說他失業三年的心路歷程。在我採訪的案例中，大約有三分之一是二十幾歲發生失業，黑黑是其中一位，很年輕，很能聊，聊了快三小時，我的耳機發燙，耳朵也隱隱作痛。就在我以為快結束的那一刻，他突然想起一件事，一定要告訴我，因為很重要。

失業期間，電視劇《花甲男孩轉大人》正熱，黑黑上網google男主角盧廣仲，知道前一年盧廣仲退伍，正值三十歲，要大展身手之際，遭逢黃安舉報他台獨，中國大陸的演出一夕之間全都取消。接著遇到創作低潮，寫不出作品，整個人困住了，動彈不得。還沒開始「就業」，盧廣仲就莫名其妙地「類失業」。

## 啟程，回家

二十歲出道並走紅，盧廣仲年輕的生命裡向來陽光普照，第一次整朵烏雲飄到頭上，整個人沒入陰影中，不知道如何自處。家裡的冰箱塞滿紅酒與啤酒，不喝就睡不著；看到誰或任何事情，都覺得討厭，後來他形容當時自己有如爛泥。

這樣不知道過了多久，盧廣仲突然想起阿公，年輕時到台北經商失敗，連買車票的錢都沒有，不得不一個人走路回台南老家。盧廣仲決定也循著這條路走回家，意外地成了引領他走出生命低谷的一條小徑。

二〇一五年十二月八日，盧廣仲在臉書寫道：

「我要從台北走回台南家，
今天啟程。
Rock！」

回家的路不如想像中順利，沒多久就遇到難關。媒體報導，盧廣仲在台北進入桃園交界的山坡上，眼前突然出現二、三十隻狗一起對他猛吠，情況相當危急，僵持了十五分鐘，還好來了一部公車救他一命。當時他動過放棄的念頭，可是已經在臉書昭告天下，半途而廢實在太丟臉，只得繼續走下去，十一天後回到家。

沒幾天來到二〇一六年，運氣突然開了，他推出新專輯，不久更獲邀演出電視劇《花甲男孩轉大人》，第一次演戲就上手，拿下最佳男主角、最佳新進演員兩座金鐘獎，連主題曲〈魚仔〉也一舉奪得二〇一八年金曲獎的最佳作曲人、年度歌曲獎。至此，盧廣仲比當兵前更紅。

## 隱藏的真相

以前在朋友的眼中，盧廣仲是個正能量的大男孩，搞笑、貼心，但是在經過短暫的「失業」，被負能量洗禮過，媒體稱他終於是一個有故事的人。《花甲男孩轉大人》導演瞿友寧為演員開六堂表演課，盧廣仲到第四堂課就進步神速。他跟盧廣仲聊過在大學車禍、練吉他，以及從台北走回台南的低潮期……瞿友寧說：

「如果人生的厚度不夠，很難成為一個好的表演者。」

後來黑黑又去看盧廣仲的MV，裡面有句話成了黑黑至今的座右銘：「世界上沒有任何一個人可以阻止你去追求夢想和自我，在每一秒鐘你都是自由的。」黑黑一直以來深受被原生家庭情感綁架的苦，失業期間得了憂鬱症，他說自己其實是自由的，卻被恐懼、自尊、在意別人給困住。盧廣仲可以做到，他也可以，於是起身找工作。

盧廣仲那一陣子顯然有三十而立的焦慮，畢竟還年輕，很快機會就來敲門。在他的故事裡，你看到失業的真相嗎？

1. 會失業，不見得是因為不夠優秀、不夠認真，有時只是運氣不好。
2. 失業時，不見得是最爛的事，有時是一個好故事的開端，只要你做點什麼。
3. 失業後，不見得天就塌下來、人生就完了，有時它是一個高峰之前的低谷。

「改變社會對失業的認知」，是我寫這本書的目的。出版社總編輯程鳳儀初次聽到我要寫「失業」主題，愣了一下，並且提醒我不要寫得灰暗與無望。然而在訪問過數十個失業案例，以及讀過有關失業的研究報告，我要跟大家說的話是，失業跟你想的不一樣！它不是一個詛咒、不是一場災難，而是你一定沒有想到的：

失業，是一個禮物。

首先來談我的起心動念，是怎麼開始寫這本書的。我得說，它是一個神奇的過程。二〇二〇年一月，我決定今年要寫一本書，很多想法在腦子裡翻來覆去，都沒個定案。折騰了好一陣子，有一天突然電光一閃，「失業」兩個字跳出來，我居然馬上認定就是這個主題，想也不想就坐下來在臉書發了一則短文，徵求失業個案。一個小時後，叮咚叮咚陸續有人敲門進來報名，順利到好像這些人等了一輩子，就等我開口邀約。

## 五個訊息

一個月後，新冠疫情飆高；三個月後，《商業周刊》封面驚悚寫著「失業潮」，有人問我：「你出書怎麼能算得這麼準？」天知道我有未卜先知的能力！這期間新工作不斷插入，只能向前向後擠出時間，有時一早六點寫，有時晚上十二點還在寫，作息大亂，卻沒想到放棄，就我這個生活規律如定時鬧鐘的人來說，透著濃濃的不尋常。

這樣說有點不可思議，彷彿不是我要寫書，是上天要我寫，而我像是在履行一個使命，當很多人遭逢失業或恐懼失業，站在十字路口茫然迷惘時，給大家一些特別的訊息，要大家不再排斥失業，因為它會成為生涯的常客；要大家不再害怕失業，因為它會開啟另一扇門，通往一個全新的世界。

這些訊息，完全打破過去我們對失業的理解與思維，重建積極正向的認知框架，讓失業的意義顯現、失業的價值被看到。彌爾頓（John Milton）在《失樂園》一書裡說道：「我們的頭腦有自己的想法，可以把天堂變成地獄，把地獄變成天堂。」是的，我在這本書要把你對失業的想法，從地獄變成天堂，而當你相信什麼，就會變成什麼。以下是五個迷思，以及五個正確的認知：

## 1. 失業不是懸崖，而是山洞

尼采說：「一切都是投射。」而我們投射在失業的是一個巨大的黑影，就帶來了恐懼！以為失業是萬丈的懸崖，一失足跌下去便是粉身碎骨。在一般人的認知裡，失業是失足的結果，粉身碎骨是對失足的懲罰。但是這本書要教你重新想像，失業是一個山洞，看似漆黑無光，裡面藏著你要的寶藏，邀請你走進去展開一趟英雄之旅。一切未可知、充滿不確定，心裡有些害怕，更多的是好奇與興奮。

## 2.失業不是無常，而是經常

俗諺說：「明天與無常，不知道哪一個先來到。」所以我們害怕無常讓明天到不了。在一般人的認知裡，生涯規劃的目的是就業，失業不在預期裡，這使得失業被歸類於無常。但是這本書要告訴你一個事實，失業一直在，只是你不想看見它。隨著科技不連續式的發展，產業更迭快速，景氣周期縮短，失業將更頻繁出現在生涯裡。面對這個就業的雙胞胎，跟它一起成長、強大，才能獲得真正自由。

## 3.失業不是你不努力，而是你太優秀

有多個研究不約而同指出一個令人驚訝的事實，比起普通上班族，條件優異、積極進取的精英在生涯的發展上，波動更大，周期更短，經常會面臨被失業的情形。這本書要告訴你另一個研究結果，被失業的精英當中，超過八成後來獲得更高的職位、更優的薪水、更大的舞台。同樣是被失業，為什麼有人沉寂下來，而有人躍上高峰，差別在於承擔錯誤，並且不帶羞恥感與罪惡感。

## 4. 失業不是你不合適，而是工作不合適你

在這世界上，多的是成功非凡卻失業過的例子，改變這世界的賈伯斯是，寫哈利波特的J. K.羅琳是，美國名主持人歐普拉是……顯然，他們的超級成就都是在被失業之後發生，這說明什麼？原來的工作並不合適他們！就像盧廣仲做歌手固然有名，但是真正火紅是在拍了電視劇，當了演員。所以這本書要告訴你，當失業時，不必灰心喪志，而是開心慶祝，因為下一步就是成功轉彎。

## 5. 失業不是失去工作，而是得到人生

採訪數十個失業案例之後，最深的感觸是「有一種失去，就是獲得」。工作是一種嗎啡，讓人亢奮，沉迷其中不可自拔，不知不覺中失去健康、失去家人、失去朋友、失去生活……唯有失業，才會大夢初醒，發現孑然一身，一無所有。這時候就會想到其他的失去，回到自己、回到家庭，有人重建破碎的婚姻，有人撿回狂飆的孩子。這本書要告訴你，按下暫停鍵，才會看到幸福在身邊。

## 飛翔是天性

失業是一個創傷，多年後看似好了，當有人提及時，陰影卻會不自覺地飄上心頭，情緒跌落至深淵。也有人不是自己遭遇失業，而是家人同事，也會杯弓蛇影，長期處於不安與焦慮中。甚至有人從第一天上班起，就戒慎恐懼，深怕失業，不敢犯任何小錯，活得卑微渺小。足見失業這個恐懼，是勒索，也是綁架。

因此我們永遠要保持高度自覺，在生涯這條道路上，我們是一隻飛翔的鳥，不是路邊的一棵樹。榮獲諾貝爾文學獎的羅曼．羅蘭說：「一隻鳥能選擇一棵樹，而樹不能選擇過往的鳥。」我們是自由的，失業不過是從這棵樹飛到下一棵樹的路上，前一棵樹的陰影且讓我們抖落在陽光裡。智利電影導演佐杜洛夫斯基（Alejandro Jodorowsky）以作品《鼴鼠》、《聖山》聞名，他說：

「籠裡出生的鳥，認為飛翔是一種病。」

失業是為了飛翔，飛吧！

# 目錄 CONTENTS


社會各界人士一致誠摯推薦 002

〈自序〉失業不是你想的那樣 015

## 第1章 為什麼會失業？——勘透背後你不知道的原因 029

1-1 遇到公司經營不善，是人生常態 032

1-2 老闆只要功勞，不要苦勞 039

1-3 當活生生的人化為數字 046

1-4 企業沒有要跟員工老在一起 053

1-5 工作狂沒了自己，也沒了工作 059

1-6 不只壓力、競爭，還有情緒的漩渦 067

1-7 辭職回家照顧的人是妳，不是你 074
1-8 擋人財路死得快 081
1-9 打壞了「老闆」這張王牌 088
1-10 失業像極了疫情 095
1-11 今天站風口，明天變炮口 103
1-12 三百六十五行，不是行行都有班可上 110

## 第2章 失業是怎麼發生的？

——過程也許不同，受傷的情緒相同

117
2-1 山雨欲來風滿樓，逼退手法百百種 120
2-2 高手過招，只在一念之間 128
2-3 要員工走路，老闆說了算？ 136
2-4 痛苦無人懂，但壓爛的三明治何必吃！ 143

2-5 「爸爸要失業了，怎麼辦？」 150

第3章 新工作會在哪裡？ 159
——未來充滿挑戰，要做好心理建設

3-1 求職道阻且長，比想像中更難 162
3-2 出去過，就回不來了？ 169
3-3 職涯像一條S曲線，往上走或向下滑？ 176
3-4 派遣、兼差、自由業，還要有長久之計 183
3-5 高處不勝寒，減薪也沒人要？ 191

第4章 失業的領悟與禮物 199
——幸與不幸只有一線之隔

4-1 撿回狂飆的孩子，彌補缺失的親情 202

4-2 十八般武藝不嫌多，持續學習就對了 209
4-3 管理職場風險：儲蓄、理財加斜槓 217
4-4 轉角遇到它，彎一下路更寬 224
4-5 認清現實、接受現實、超越現實 231

第5章 失業不能預防，那麼能怎麼做？——就從準備好失業開始 239

5-1 認清一件事：It's just business. 242
5-2 展現生存者姿態，從黑名單除名 249
5-3 工作也有保鮮期，報到就訂好離職日 257
5-4 好個性幫你創造好運氣 264
5-5 打造個人品牌，發給自己一張王牌 271

5-6 啟動你的職涯小實驗 278

第6章 如何重磅反擊，找回人生自主權？ 287
——站起來，冒險是最好的投資

6-1 說說你的英雄故事，縮短與工作的距離 291
6-2 把求職當作正職，讓失業變成事業 299
6-3 改變人生際遇的，可能是路人 307
6-4 承擔風險，為自己發明新工作 315
6-5 要相信有人會幫你 322
6-6 何必再找工作？找收入吧！ 330

〈後跋〉失業是有意義的 338

第1章

# 為什麼會失業？

## 勘透背後你不知道的原因

「你沒有覺察到的事，就會變成你的命運。」

——精神科醫師、分析心理學的創始者 榮格（Carl Gustav Jung）

首先我們得知道，沒有人想要失業，可是一件沒有覺察到的小事，就莫名地帶來失業，變成命運。有些情況很明顯是個人犯錯或疏失，但是更多時候是環境造成，像是二〇二〇年發生的全球災難新冠疫情，誰能預測？誰能預防？百年企業說倒就倒，國際品牌說裁員就裁員，上班族能做的就是抱起紙箱走出大門。

除了天災人禍外，尚且有其他環境因素，包括經濟政策改變、產業更迭、景氣循環，以及企業本身的諸多問題，比如經營不善、企業購併、組織重整、固定汰換等，這些都是上班族個人無力可回天的部分。再來，即使是個人本身的問題，像是罹患癌症或憂鬱症、家人重病需要照顧……也都有可能造成失業。

所以失業不能只是歸咎於個人能力不佳、工作不努力，或是沒做出績效。就算是，失業也是一個好的結果，讓我們明白自己還有待改善的空間。但是如果已經努力過了，還是拿不出成績，更是一個好的提醒，該是換工作的時候了！無論哪個原因，能做的便是勇於承擔，不必認為是個大失敗，或是視自己為魯蛇。

人不可能完美，也不可能討好所有人，更不可能讓全世界滿意。《人生給的答案》一書寫道，蒂塔．萬提斯（Dita Von Teese）從小學芭蕾舞，老是記不全舞步、做不好跳躍，十八歲認清自己不是這塊料，毅然轉換跑道，最後大放異彩，被《浮華世界》雜誌譽為「滑稽歌舞劇（burlesque）女英雄」。

當遇到嘲笑與侮辱時，萬提斯說，就讓它們像水珠順著天鵝的頸背一樣滑落，並經常引用這句俗諺惕厲自己：

「就算你是顆豐滿多汁的水蜜桃，世界上還是有不喜歡水蜜桃的人。」

## 1-1 遇到公司經營不善，是人生常態

在台灣創業，有一個說法，年初一百家創業，年底剩十家存活，五年後只有一家還在地球上，創業的成功率僅僅一％。就算撐過五年，還有另外兩個數字也挺驚心的，中小企業平均壽命是七年或十三年，而中小企業占比高達九七％，雇用近八成勞工。

推算下來，從二十五至六十五歲上班四十年當中，遇到幾次公司經營不善再正常不過；反倒是一直待在經營良好的公司，就像抽到上上籤一樣極其幸運與難得。

在新冠疫情期間，不時有上班族私訊我，談心裡的焦慮不安。其中一位男性說，客戶紛紛撤單，已經半個月沒工作做，老闆壓力大如山，卻反過來安慰員工，請大家不要發慌，再撐一陣子看看。一天過一天，這位男性已婚有孩子，眼見再下去不是辦法，來問我意見：

「你看我該不該離職？」

## 賭一口氣，也賭資遣費

老實說，在這個節骨眼，離職並非最佳方案；整個業界哀鴻遍野，不是只有他們公司叫苦，當下未必找得到好工作。不過我仍然鼓勵他試試看把履歷投出去，也許有機會面試，總是一線生機呀！他的態度算是少見積極的，我看過不少人明明知道公司經營有狀況，依舊按兵不動，為什麼？

跟公司拚一口氣，看誰撐得久！目的只有一個，拿到資遣費。

自己提辭呈，先走一步，便拿不到資遣費，甚至退休金也泡湯，變成公司賺到了，自己虧大了；相反的，若是撐到公司主動開口要自己走路，就可以拿到資遣費。一樣米養百種人，不過在這一件事上，員工的看法難得一見地趨於一致，都認為至少拿到錢再走人，否則會不甘願，有一種死不瞑目的咒怨感。

小馬在一家藝術貼紙外銷公司任職，公司營運好的時候，他是設計部最高主管，有十多名屬下；老闆逢人就誇讚小馬會抓流行趨勢，設計什麼就熱賣什麼，小馬好不春風得意。近年流行轉向，不時興藝術貼紙，業績大不如前，老闆換上另一副嘴臉，經常公開批評小馬的作品跟不上時代，當眾退他的件，毫不給面子、不留餘地，小馬突然變得一無是處。

兩年前，小馬毫無預警被拔官，降級為專員，小馬這才恍然大悟，明白過來了，老闆有意逼退。他說，換作別人，早被打發走了，但是他不甘心像隻喪家之犬夾著尾巴走人，而且孩子還小，自己的薪水在業界算是頂尖，出了公司就沒這個行情，於是牙關一咬，硬是留了下來，想辦法捧住飯碗。重要的是小馬有十六年資歷，他心裡是這麼想的：

「逼走了，老闆賺到了；逼不走，老闆還是要給我錢。」

## 錯失求職的黃金年紀

小馬並非軟柿子，設計才華褪色了，藝術家脾氣倒是沒改，老闆多說他兩句，也會不甘示弱頂回去。不知道是老闆念舊，還是忌憚小馬會鬧事的性格，老闆炒人的手高高舉起，卻輕輕放下。對峙的局面僵持兩年多，連棚的歹戲終於要落幕了，因為老闆意外罹患肝癌，沒力氣跟小馬耗下去，在病榻前把事情辦了，讓小馬領到幾十萬元資遣費走人。

跟老闆周旋多年，老闆投降了，小馬拿到錢了，問題是小馬贏了嗎？答案是未必！在過程中，小馬也付出昂貴的代價，足足服用安眠藥五年，健康大受影響。即使如此，小馬仍然難掩得意之色，慶幸領到資遣費，以及失業補助。他特別強調，前面被逼退的幾位同事都是自己離職，一毛錢沒領到，他是大家眼裡的英雄，因為……

「我不是輕易妥協的人，遇到打擊不會退縮，就是要想辦法扳回劣勢。」

即使一路走來難堪至極，自尊心被踐踏無遺，小馬求錢得錢，結局不算滿意，倒也差強人意，這是因為公司還付得起。問題是很多公司經營不善，債台高築，連薪水都拖欠，更遑論資遣費。更重要的是，如果一拖幾年，耽誤求職的黃金時間，影響到後面生涯發展，是無法用金錢計算的，是福是禍未可知。

品惠四十二歲，在新創公司任職會計，最了解公司的營運狀況。每天看老闆到處募集資金，七年過去，錢燒得差不多，想破腦袋也找不到其他募資管道，公司的營運仍然未見起色。坐吃山空，公司遲早是要收掉，然而出了公司大門，品惠心裡有數，會計一職習慣用剛畢業的新鮮人，既便宜又勤快，輪不到她分一杯羹。

換工作這件事便一直拖著，直到新冠疫情爆發，政府放寬資遣勞工的條件，公司順勢把品惠辭了。還好先生有穩定的工作，她打算報考記帳士執照，提高競爭力，以利於找工作。可是心裡沒有多少把握，多少個夜裡輾轉難眠，她問自己：

「如果沒有拖延這七年，當年三十五歲就跳出去，工作會不會好找多了？」

## 恐懼損失，做錯決定

遇到公司經營不善，在年紀與資遣費這條路上來回徘徊，最後選擇資遣費的上班族比比皆是。這種金錢比時間重要的觀念，屬於「窮人思維」，即使資遣費為數不多，也甘願人生被綁架。換作「富人思維」，這是一盤錯誤到極點的生意，因為時間一去不回頭，金錢再賺就有，所以時間彌足珍貴，他們寧願花錢換取時間。這個迥異的價值觀，左右富人與窮人一生，最終走向兩個相反的世界。

像品惠月薪五萬，領到資遣費三十五萬元，去歐洲玩十天，三趟就沒了，卻耽誤求職的黃金時間！後面可能要花一年才找得到工作，而薪水多半不如原來，不論從短期或長期來看，損失是數倍。

遺憾的是多數的人寧願保有眼前的小錢，也不去想未來的大錢，就是卡在「恐懼損失」的人性上。依據心理學家的實驗結果，「損失帶來的痛苦」在感受上的強度，是「得到帶來的快樂」的兩倍，因此更在意損失！寧可規避既有的損失，也不去期待未來的得到，導致做出非理性的決定。

這就是為什麼在換工作時，一般人顯得保守僵化、貪圖安逸、不思進取；卻在事後不斷懊悔與遺憾，從「厭惡損失」變成「厭惡自己」與「厭惡人世」，抱怨這不是他們想要過的人生！美國在二〇〇五年做調查，逾半數的上班族不滿意工作，即可見一斑。究其原因，癥結不在工作，而是人性使然。不敢選擇內心真正想要的工作，卻要妄想得到滿意的人生，這是緣木求魚，不可得呀！

## 三個自救行動

公司是否經營不善，一定有風聲，比如來客數減少、訂單量下降、欠廠商貨款，或是逼退高階主管，或是凍結人事、遇缺不補，或是遲發薪水等，都是顯而易見的徵兆。假使老闆逐漸鮮少來公司，更是表示財務情況危險。這關係到自己生涯的安全與否，千萬別當鴕鳥埋在工作堆裡，對公司的變化視而不見。遇到這種情形，建議你：

**1.展開行動，騎驢找馬**

開始投遞履歷，但是不露聲色，務必不讓任何風聲傳回公司，才不至於被提早列入逼退名單。

**2.失業過久，長期損失更大**

上網查詢資遣費與退休金，再與失業期間無法領到的薪資兩相比較，會發現後者金額可能更大。

**3.年紀是敵人，不是朋友**

時間比金錢重要，提早一年求職，年紀是朋友，也是優勢；延後一年，年紀將變成敵人，就會處於劣勢。

## 1-2 老闆只要功勞，不要苦勞

公司之所以會資遣員工，任職人資主管多年的陳明秀談到原因時，一開始便挑明有兩種版本，一是正常版本，二是非正常版本，後者有些是政治因素，像是改朝換代或派系鬥爭，其他多屬於正常版本，原因不脫以下兩種：

1. 公司經營不善。
2. 個人績效不佳。

### 做得不好，再給機會改善

勞基法上面也是說，合乎以下狀況之一，公司得以資遣員工，比如：

1. 歇業或轉讓時。

2.虧損或業務緊縮時。
3.不可抗力暫停工作在一個月以上時。
4.業務性質變更，有減少勞工之必要，又無適當工作可供安置時。
5.勞工對於所擔任之工作確不能勝任時。

很明顯地，前四項是公司的問題，第五項則是個人的問題。前四項都屬於公司經營不善，是客觀存在的因素，明擺在眼前，照著勞基法走就沒爭議；至於處理上比較棘手的是第五項，原因很簡單，一句話，陳明秀說：

「誰會承認自己不適任呢？」

一旦員工不服氣，爭議就出來了，萬一到網站爆料，經媒體報導出來，便會難以收拾。這種大鯨魚與小蝦米對峙的戲碼，社會輿論通常站在員工這一邊，就會傷到企業形象，甚至引起抗爭，影響營運。因此有制度的大企業或大品牌會給員工一段緩衝時間，進行改善計畫，做法依序如下：

1.公司先跟不適任員工談過，具體地擬出在多長時間內，必須改善的重點，以及達成的目標。

2.再將雙方的約定做成書面，請員工簽名，一來表示他知道了、同意了，未來在資遣時，作為呈堂證供，有憑有據，確保公司立於不敗之地。

3.改善有效日期一到，若是員工有改善，達成目標，公司當然要留人，否則便可以資遣對方。

## 再不勝任，還是要好聚好散

即使做到如此周詳完備，人資部門仍然不敢大意，依舊放低姿態，好言相勸，平撫對方的情緒。否則不論告到勞動單位或訴諸法律，都是曠日費時，其他正事都別做了，而且公司也會責怪人資部門處理不當，影響到考績與前途。不過陳明秀再三強調，人資代表公司，儘量做到風平浪靜，主要是真心關懷每位被資遣的員工，因為對人資自己來說，這是一份工作；對員工來說，卻是一份家計、一個前途。

「在這個傷感的時刻，我們要做的不是關係的撕裂，而是彌補。」

所以陳明秀說，資遣有一定流程，但是沒有通則，每位員工都是獨立個案，需要特例處理。在過程中，多的是將心比心的溫暖，以及如履薄冰的謹慎。比如協助對方求職，提供離職證明，或是幫忙美言幾句；或是協助對方申請政府補助，提供資遣證明，度過經濟困難的時刻。

這種悲天憫人的襟懷是必需的，因為當員工表現不佳，未必全然是這個人努力不夠，還存在著其他客觀因素，像是產業劇烈變遷、公司制度不完善、與主管的關係不佳、市場競爭白熱化等。

科理讀工科，畢業後一直在大廠當工程師，二十九歲出國打工度假兩年，回台灣後想做業務。不幸的是這一年遇到金融海嘯，大廠放無薪假者比比皆是，向他揮手的都是小公司。可是後來這些小公司管理問題層出不窮，科理的工作再也不如過去穩定，從這個工作流浪到下個工作。

他先是在半導體業一家小公司任職，後來發現公司只是跟老客戶套人情、給回扣，設備卻經常出問題，覺得不是久待之地。正好幾個老同事要創業，做自動化設備，請他來幫忙跑業務。可是這個市場封閉，客戶不太流動，科理每天勤跑客戶，仍然坐困愁城，做不出業績。

## 績效不彰，未必是員工不努力

問題來了，新創公司的資金短缺，看科理做不出成績，公司先是無預警減薪三成，三個月之後，公司再以不適任為由把科理資遣了。對此，科理不存一絲怨氣，他說：

「公司要營運、要生存，這沒有誰對誰錯的問題。」

雖然客戶開發不進來，未必是科理個人的問題，但是做業務看的是數據，一翻兩瞪眼，沒啥好說，明擺著績效不彰，只能認了。但是國章不一樣，他是在採購部門，換了總經理之後，部門的定位不同，一夕之間變成績效不彰，國章便和同事一起消失。

這是一家國際性的日本品牌，在台灣家電市場居龍頭地位，生意興隆，從未聽過有裁員一事。旗下的子公司，八成業績來自業務部，銷售日本電子零件給台灣市場；兩成來自採購部，幫總公司採購所省下的成本。二〇〇八年金融海嘯，公司的營收與獲利雙雙衰退，偏偏日籍總經理年屆退休，新上來的台籍總經理則認為，採購部對獲利毫無貢獻，必須裁掉。

部門三十多人，公司只要留下國章，想將他調去業務部。國章此時已經四十一歲，一般人都會選擇留下，國章卻選擇被裁掉，考慮有三：一方面遣散費優渥，二方面他不想調去做業務，三方面太太有工作；而且四十歲不做改變，更待何時，於是決定冒險，往前衝出一條新路。

「離職這件事，心裡很掙扎，太太也跟我吵，這個決定做得相當辛苦。」敢這麼做，還仗著有一個核心能力——優異的日語。才退伍未久，國章已經在永漢日語教課，周圍全是日籍老師，只有他是台籍。加上在日商多年，與日本關係深厚，後來找他去任職的全是電子業，目的是要他開發日本市場、經營日本客戶。求職對他來說，是小蛋糕一片；難的是做穩做久，有一年他換了八家公司，真是有苦說不出。

## 說不出績效，更危險！

客戶開發從零到有，壓力大到極點。待的最長的一家台灣廠商，兩年期間每天都只睡三個多小時，早晨六點半出門，趕八點總經理的晨會，一開二、三個小時，再開自己部門的會議，下午二、三點回位子要看五六百封email，看不完再帶回家看到半夜。還要不時接到日本顧問交派的功課，以及出差日本，後來國章累到顏面神經失調。

令人駭異的是，他的前任是在日本出差時，倒在廁所，被抬回台灣；而副總是趴在桌上起不來，後來一輩子都要打胰島素。現在國章是一家日本在台公司總經理，別人看他是苦盡甘來、鹹魚翻身，然而他苦笑地說：

「我的薪水翻倍，是拿命換來的。」

不過最需要擔憂失業的，不只是績效不彰的員工，而是連績效都無法說得具體的員工，像是有些行政、庶務或其他專業人員經常說：「我的工作每天都一個樣，無法量化，提不出數字績效。」這種人最危險！他們已經和企業的營運目標逐漸失去連結，衡量不出價值，企業便會質疑「你每天在瞎忙什麼」，就容易被取代。

根據美國工作本質公司（The Work Itself Group, Inc.）調查發現，超過八成（八一％）員工不認為自己對公司的目標負有任何義務，他做他的工作，公司經營公司的，各吹各的調，反而認為營運是老闆和肥貓們（高階主管）的事，與他們無關。而這些人已經不是勝任與否的問題，而是工作看不出成果，在現代企業看來，他們只有苦勞，沒有功勞，再努力也不過是「低級的努力」。

不論是說不出績效，或做不出績效，未來前途都堪憂。

# 1-3 當活生生的人化為數字

購併，乍看是兩個簡單的字，其實它包含兩個龐大的財務動作：收購與合併。不論是垂直整合、水平整合或異業結合，既然是兩家公司合併，組織難免會疊床架屋，出現冗員，下一步便是組織重整。在這個優雅好聽的名詞背後，掀起的是一陣一陣腥風血雨、一波一波裁員，帶來大量失業。

做法上兵分兩路，一是組織架構重組，一是人員重組，以因應企業的戰略調整。一般先有組織架構重組，隨之人員重組。最常見兩兩合併，將兩家公司的相同部門予以合併，砍掉多餘的人；等到作業一段時間，再上演第二波兩兩合併，四個部門縮減成為一個部門，人力可能銳減為原來的一半。

## 績效優異，還是被裁

這類組織重整向來訂有明確的計畫，包括主要裁掉哪個部門、多少人力，至此員工已經不是有血有肉的人，而是數字。比如微軟在二〇一六年大刀裁撤智慧型手機的人力，同時間宣布隔年一月再進行另一波針對業務與行銷職務的組織重整，訂出二千八百五十人的裁員計畫，包話九百名業務人力的資遣。影響所至，即使優秀人才，也可能被錯殺。

「公司已經殺到沒人可殺的地步，我不得不被殺。」

丹尼爾每每被問及資遣的原因，都這麼開玩笑地說，可是明白內情的人就知道這是一句雙關語。他原來在業務部擔任中階主管，工作賣力，忠誠不二，帶領的部門一直業績達成率一二〇％，被視為明日之星。即使有一年這個產業從巔峰重摔至谷底，全公司目標達成率七〇％，丹尼爾依舊維持在一二〇％。

這個漂亮的成績是用命換來的，那一年他非得每天喝點酒才能入睡，後腦勺也露出兩個五十元硬幣大小的鬼剃頭，而從不抽菸的屬下則一天要抽上兩包。

他任職的公司在台灣業界是第二大廠，依然無法力抗一路下滑的頹勢，當第一大廠向他們揮手時，公司很快就同意水平式合併，一躍成為全球第三大，以利於形成規模經濟，目的是為了集中採購原料、降低製造成本，進而提高競爭力。接著下一步便是組織重整，一位研發工程師在被裁之後自殺，帶給丹尼爾莫大的衝擊，在內心驚呼：

「這可是一個活生生的人啊！」

## 敏感時刻，切勿落人口實

見到總經理時，丹尼爾問他，自己會不會是下一個？總經理說，愛說笑，怎麼會是你？丹尼爾繼續沒日沒夜工作，對所有會影響業績的因素錙銖必較。問題是上游廠商和公司之間存在一個長期未解的詬病，他們習慣塞貨；過去丹尼爾為了穩住貨源，硬是咬著牙吃下來，可是這一年市場景況太差，丹尼爾拒絕吃貨，以致得罪廠商，廠商鬧到總經理辦公室說：

「一定要辦人，否則不再供貨。」

總經理惜才，想要調他到另一個部門，卻又碰到兩兩合併，各個部門的員額吃緊，當然優先留給自己人；於是有人偷偷跑去總經理跟前，給丹尼爾穿小鞋，說他已經在外面找到工作，不需要留位子，總經理一聽順手便把職缺挪給其他人。到了這個節骨眼，丹尼爾已成過河卒子，非離職不可。

後來回想起這段過程，丹尼爾說他學到一課。在風聲鶴唳、人人自危的敏感時刻，真是應了俗諺說的「日頭赤焰焰，隨人顧性命」，彼此已經顧不到職場倫理或私人情誼，因此即使是一個小錯誤都不能犯下，絕對不能有一丁點失分，否則被撿到槍，挨子彈的就是倒楣的自己。

再說這個時間點上，人事動蕩，謠言紛飛，到了是非不明、真假莫辨的地步，經常是越描越黑、說什麼都是枉然，給了丹尼爾一個終身受用的警惕：

「謹慎為上。」

## 憤而求去，最是不智

在美國，組織重整是家常便飯，員工習以為常。我的同學在矽谷工作，談到公司正在進行組織重整時，我們紛紛替她捏把冷汗，她卻嘻皮笑臉地說，不怕，不怕，兩年來一次，習慣了。二十多年下來，她的同事換了三批，從以台灣人為主，換成中國大陸人，現在則是印度人橫著走。所以她常說，現在美國資訊界是印度人當家。

可是，有人就是過不了這道坎。近兩年新認識一名朋友，聽她提到她先生的大名時，我霍地起身，立正站好，差點行舉手禮。二十年前，她先生在廣告業界叱吒風雲，誰沒聽過他，就別混了！不過好多年沒聽到他的消息，我以為跟早期第一批轉戰中國市場的廣告人一樣，去了對岸發展，朋友卻搖頭說：

「他一直失業在家，十六年了。」

太不可置信！我大概看起來像是眼珠子要掉出來似的，朋友跟我解釋整個來龍去脈。原來當年這家喊水會結凍的廣告公司業務越做越大，進行組織重整，把她先生從舉足輕重的業務部調到負責內部行政管理，他認為自己業務強，這個安排不公平，也會影響到未來再上一層樓，一怒之下遞辭呈走人。

離開後，幾次合夥與創業都沒做起來，賠光所有積蓄，千金散去。最後沒本錢了，一直窩在家裡，啥都不做，現在靠朋友一人扛整個家計。朋友心裡叫苦，卻從不埋怨先生，只是自我調侃：

「現在我是一點失業的條件都沒有喔……」

不少人位高權重，走到哪兒都有人捧高高的，不免得了大頭症，常常自我誇耀，幫公司拿下多少訂單、公司的業績一半是他做的……以為公司沒了他會垮掉，等到離職後清醒過來，原來公司一點都不需要他，反而是他比較需要公司。沒了那張名片，才恍然大悟自己啥也不是。因此人到中年，最忌憤而離職。

## 當年紀成為求職障礙

每當講課結束時，經常有中年人已經離職了，來跟我說四個字：「相見恨晚」，因為他們過去沒看我的文章、沒讀我的書，不知道我不斷提醒中年人就算再困難，都要忍住一口氣，先騎驢找馬。是的，少有中年人具有裸辭的條件，可是他們不解，問我：

「以前找工作一直很順呀……」

「當時你年紀輕，現在你年紀大。」

勞動部統計，四十五歲以上失業之後，未曾遇有工作機會者有近半數（四九．八五％，二〇一八年）認為是受到年齡的限制，其次有四分之一是因為待遇不符合期待所致，第三是有一〇％的人技能或證照不足。而且失業期間之長超過想像，男性超過二十五週，女性逾二十一週。由於求職時間幾近半年，不少人失去信心與耐性，因而放棄求職，成為長期失業人口，造成家計的重擔。

企業為了求生存，勢必不時調整經營戰略，決定有些部門與人力要縮減或增加，進行組織重整，我們能做的便是保持與企業站在同一陣線上。換句話說，縮小自我，往外看向組織的未來，把小我放到成就公司這個大我的計畫裡，盤點能力、重新定位。就算被釋放到就業市場，也不必失志，要能屈能伸，期待東山再起的一天。

# 1-4 企業沒有要跟員工老在一起

「這是政治的黑暗面，當老闆不想留人，我們完全使不上力、說不上話。」一位大企業人資主管在接受採訪時，對於改朝換代這個常見的戲碼，直接說出心中的無奈。失業的原因中，有一個常見的情況是上下兩代交棒，老臣被一一請走，所以常見於高階主管。而且當企二代動到這個念頭，五匹馬也拉不回頭，誰來勸都是浪費唇舌罷了。

## 企二代轉大人，先請走叔叔伯伯們

還好的是在過程當中，這不會訴諸資遣，而且會找來人資主管仔細模擬與推演，把對組織的傷害降到最低，因此動作會比較細膩，時間也會拉得比較長，有時長達二、三年；當新一代認為布局成功之後，最後一批留守的老臣才會功成身退，下台一鞠躬，維持住老臣僅存的一絲尊嚴。

一般的做法是先在權力上架空，像是調離部門，負責一個有名無實的閒差事；或是明升暗降，讓其他人帶兵打仗，他只是從旁輔佐……手法很多，無非是顧全彼此情面。就這樣一波一波新陳代謝，直到換血完成，清君側大業落幕。

可是由於手法太過隱晦，又拖上一段不短的日子，老臣一向高高在上，未必警覺到暴風雨即將來臨，難免有青天霹靂的錯愕。其中有些人不到屆退年齡，尚在壯年或中年，就會遭逢一段難熬的失業時期。這樣的情景，落在其他員工的眼裡，難免唏噓不已，油然發出一種此一時、彼一時的感慨。

不過，賴經理是比較少見的例子，他的被辭退過程相當粗暴，有一天被祕書請進辦公室，沒有鋪陳、沒有過場、沒有客套，小老闆直接打開天窗說亮話，第一句話便是……

「我想請你離職。」

這一天不過是大老闆剛過世滿一年，賴經理的腦袋沒轉過來，還跟小老闆說，他答應過大老闆要好好做，因此再給他兩個月，把工作交接完畢，到時保證一定會走人。小老闆卻置若罔聞，轉頭要祕書直接算錢給他。後來聽賴經理談起這段過程，我感到事有蹊蹺，看起來小老闆忍他很久啦，他一點都未曾察覺嗎？

賴經理搖搖頭說，從未想到這個點上。他是大老闆從業界挖來的人，幾年來大老闆對他相當倚重與關愛，所以不曾有二心，打算在這家公司做到退休。但是他聽說在他到任之前，大老闆曾把兒子找來公司上班，為的是要逐步交棒，哪裡知道兩人理念不合，大吵一架，兒子就掛冠求去，之後一直遊手好閒。

聽到這裡，一切不言而喻。兒子被嫌棄，卻來一個年輕人被賞識，傳到兒子的耳裡，會是什麼感覺？無非又嫉又恨。然而去年大老闆不幸罹癌，三個月就走了，來不及安排任何事，自然是兒子接班。在臨終之際，只有家人與親信在場時，大老闆握住兒子的手說：

「將來你要重用賴經理，升他為總經理。」

這句話無疑火上添油，讓小老闆對賴經理更是恨到無以復加。等到大老闆辭世之後，小老闆上位，就找來一位總經理，架在賴經理頭上。總經理的話說得漂亮，卻是逐漸把工作一項一項拿走，讓他慢慢不再對外洽談任何業務。這是因為賴經理在業界享有聲望、握有人脈，否則這個逼退大戲哪裡會足足演了大半年？

我看著賴經理，心想都四十好幾的人，怎麼長皺紋，卻是不長心眼，看不明白小老闆葫蘆裡賣什麼藥，他笑說：

「只能說我是老派的人，被『忠誠』二字給徹底洗了腦。」

但是總經理做事細膩、做人周到、說話貼心，倒真的沒讓賴經理起了防人之心。說到底，這就是布局，直到企二代認為接班成功，大位坐穩之後，就會展開一陣腥風血雨的砍人動作，宣示新的王朝、新的時代來臨。就算賴經理察覺了小老闆意在借刀殺人，也是於事無補，因為一切勢在必行，走人是遲早的事。

## 經營權易手，波及無辜

除了上下兩代接班，兩派人馬交戰也是一定要逼走一批人。小陳在一家日商高科技公司任職，有一年他被副董事長交派要負責開辦子公司，小陳日以繼夜，全力以赴，終於不負使命開辦成功，也經營一段時間，績效逐漸展現。就在小陳覺得終於能夠喘一口氣的時候，他竟然被資遣了，簡直是怎麼死的都不知道。

後來才知道，自己莫名其妙當了替死鬼。原來在他忙得昏天暗地的同時，公司高層有兩派人馬在交戰，董事長與副董事長爭取經營權，結果董事長勝了，副董事長敗了。交戰過程中，難免有惡言惡語，董事長當然要逼退副董事長。這原來是高層之間的事，干小陳底事？問題是董事長不這麼想，他認為，小陳被副董事長交派去開辦子公司，是敵營人馬，自然要一併斬草除根。小陳心裡冤屈到不行，他說：「我是員工，領錢辦事，副董事長叫我做事，我能抗命不從嗎？」

不過，台灣有些家族事業面臨的不是誰來接班的問題，而是沒人接班，所以經常會看到一些老闆都七老八十了，還在日理萬機，大小事一手攬。這種情形，對於員工的生涯安全性來說，也是令人擔心！想想看，萬一老闆有個三長兩短，公司不是頂讓就是收掉，兩者都有可能造成突然失業，教人措手不及。

玉山金控策略長陳茂欽有一次和一個跨境台商聊天，台商剛剛在東南亞收購一家公司，做的是名牌旅行箱包，營運績效極佳。陳茂欽好奇地問，這麼好的公司，對方為什麼要賣？原來對方已經八十幾歲，孩子接不起來，乾脆賣掉。妙的是，台商本身六十幾歲，眼下也正在面臨接班問題……

## 既然非走不可，不如趁早面對

台灣有調查指出，八六％企業主都希望能夠交棒給兒女，可是七七％接棒的兒女卻認為，最難的事就是與上一代的領導班底有「溝通障礙」，包括與老臣相處得注意很多眉眉角角，難以放開手做事。雖然企業主都表示願意交棒，但是八四％是一邊交棒、一邊下指導棋，只有少數完全退居幕後，不聞不問。這麼一來，就會經常上演兩代熱吵與冷戰的戲碼，夾在中間有一種人最為難，你猜是誰？

當然是身邊的老臣們！

打從企二代上任以來，這些高階主管便是沒安生過一天的好日子，伴君如伴虎，也心裡明白來日不多，小主子終究要有屬於自己的班底，而這個班底當然是跟他同齡的年輕小夥子，真的能夠做到兩朝元老的人微乎其微。即使退而做顧問，也是數饅頭過日子，遲早都要打包走人。伸頭縮頭都是一刀，不如趁早面對，拉出安全網，做好個人生涯的安排。

企業必須不斷創新、轉型與升級，需要新血注入，因此改朝換代、風雲變色都是必然。當遇到二代接班的敏感時機，請升高警戒等級，千萬不要恃寵而驕或掉以輕心，謹記孫子兵法有言：

「勿恃敵之不來，恃吾有以待之。」

# 1-5 工作狂沒了自己，也沒了工作

在網路上的論壇，經常會看到有人在抱怨工作超時，比較多的是科學園區裡的高科技業工程師，他們以男性居多，形容自己從事「爆肝工作」。而對岸也有「996血汗工時」，每天從早上九點做到晚上九點，每週做六天，可是官方規定每天工時不得超過八小時，每週不得逾四十四小時，問題是大廠與網路業者很少能做到。

這些人之所以加班，多半是因為產業生態、企業文化使然，想要融入組織、爭取認同，非得要加班不可。但是也有一些人是真的工作成癮，亦即所謂的「工作狂」，其中有些人屬於不健康的工作狂，不知不覺影響到工作效率、身心健康，以及與同事之間的人際關係、家庭婚姻的穩定。

## 更多女性工作狂

美國精神病學協會並未將工作狂視為一種疾病，可是挪威卑爾根大學在二〇一六年發布的一項研究，卻將工作狂與其他精神病一併來談，與強迫症、焦慮症和憂鬱症並列。同年英國舉行「工作狂互戒會」（Workaholics Anonymous）的首屆國際大會，仿效嗜酒者互戒會（Alcoholics Anonymous），制定出十二步法則。

一般人都以為工作狂以男性居多，其實不然。調查顯示，女性比男性更容易有工作狂傾向，因為女性相信，要在職場上與男性並駕齊驅，付出的努力要比男性多。這是有事實根據，康健雜誌網站刊登加拿大一項為期十二年、針對七千多名勞工進行的研究顯示，女性面臨更多的壓力來源，比如：

1. 為了證明和男性一樣優秀，而超時工作。
2. 比男性較難升遷。
3. 兩性同工不同酬。
4. 比男性缺少主管的支持。

5. 認為女性必須兼顧家庭與工作。
6. 追求完美，不容許出錯。
7. 有一種感覺在被壓榨勞力。

在寫這本書的同時，我的朋友瑪姬被資遣了，圈子裡每個人都異口同聲地說：「啊……終於……」打從一年前聽瑪姬談及工作，已經有不祥預兆，直覺上公司要動手了……猜測最晚在去年年底，瑪姬硬是拖到今年農曆年後，而且還在抗爭，堅持做到年中，最後公司把後面幾個月的薪水都結算給她，送她上路。

接下來才是頭痛的部分，除了工作外，瑪姬沒有生活可言。過去幾乎不參加朋友的聚會，理由永遠是「我太忙了！」就算偶爾出席露個臉，從頭到尾都在談工作，別人一刻也插不進其他話題。瑪姬說得口沫橫飛，其實少有人對她的工作有興趣；甚至有人露出不耐煩的神色，她也毫無察覺，繼續說個不停。有人提出懷疑：

「會不會是生病了？」

## 十大警訊

瑪姬的閨密帶她去看心理師，並私下和瑪姬的先生連絡，提醒他要注意瑪姬後續的狀況，哪裡知道得到的回應是……

「我早已經受不了……孩子大了，我要離婚。」

輪到大家傻了，難以想像瑪姬怎麼面對工作沒了，連孩子也沒了（國外就業）、婚姻沒了……一個人面對空蕩蕩的房子。而且瑪姬無法自理生活，有一次幾個朋友到瑪姬家，她拿出唯一可以果腹的水餃，是一年前就過期的，還說「冰在冰箱裡，應該可以吃」，眼見要下鍋煮了，被我們及時搶了下來。

心理學家蔡宇哲在「失落花園」網站為文提出，工作狂分成兩種，一種是健康的工作狂，他們熱愛工作，在工作中找到樂趣，願意付出更多努力；另一種是不健康的工作狂，過度努力且沉迷於工作，強迫性地感到需要工作，當發現自己可能因其他原因而無法工作時，會進而感到不安或內疚。

美樂蒂．魏爾汀（Melody Wilding）是一名高階主管的教練，她整理出非健康型工作狂的十大檢查重點：

1.不記得上次什麼時候生病。
2.即使想放鬆休息時，滿腦子仍然縈繞著工作不去。
3.有email一定馬上回，即使不緊急也不重要。
4.不信賴別人能夠完成工作，一如自己期待的標準。
5.工作已經造成關係的弱化或惡化。
6.晚上難以「關機」入眠。
7.有失眠、做噩夢的現象，原因來自於壓力。
8.容易生氣、失去耐性，以及突然爆發式的憤怒。
9.出現以下生理癥狀：胸悶、呼吸急促等。
10.總是不適當地評價自己做得不夠好。

教人憂心的是，隨著時間過去，工作狂會逐一出現上面這些情形，然後經歷內在歷程的崩潰現象，從外表看不出來，還是正常的模樣，別人卻覺得無法相處，殃及人際關係，直到職場再也容不下他們。過程中，同事會說「這個人恐怖極了」、

「他挑剔到令人無法忍受」、「他管太多」、「他情緒管理失當」等。

## 內在歷程的崩潰

歐陽是一個活生生的例子。她原來是公職護理師，三十歲轉換跑道，到新開的長照中心任職，和執行長兩人胼手胝足、披荊斬棘，花了十年把機構經營到獲利良好，年年獲得政府評選優等。過程之艱辛，把歐陽悄悄變了一個人。

這個改變是一點一滴，歐陽本身未曾察覺，同事起初為了共體時艱，也沒去多想；十年過去，歐陽無聲無息變成一個巨大的陰影。同事不敢靠近她，跟她講話會發抖，歐陽毫不以為意。當時她心中只放得下三件事，工作、工作，還是工作，其他都不在她眼裡。即使輕微智障的兒子，都被她擺在第二優先順序。

不過，歐陽的工作也不是一般人做得來的。每天要處理的危機層出不窮，像抓漏一樣，這裡補了，那裡又漏了，疲於奔命，耗盡精力。而且常常秀才遇到兵，有理說不清，比如一名已婚有子的越南女性照護工，與機構裡的替代役男在機構裡發生性關係，被逮個正著；凡是牽涉到外勞的管理都非常棘手，對方還跟歐陽撒潑並嗆聲：

「我是人，有需求，他也有需求，我先生不知道，孩子還小，礙著誰啦？」

白天忙完，回到家也一刻不得閒，不時接到電話，像是外籍照護工失聯、照護的老人病危等。歐陽真的累垮了，情緒緊繃，說話傷人，並要求同事和她一樣付出，用重症規格來照護老人，標準嚴苛，同事開始反彈。最後兩年歐陽意外頻仍，從樓梯摔下來骨折，騎單車也摔斷手，她不僅沒放在心上，還在想：

「右手斷了，就用左手工作；腳斷了，就坐輪椅上班，反正機構是無障礙空間。」

這樣的鞠躬盡瘁並不正常，執行長好言規勸她休息一年，她接受了，卻在復職前擦槍走火。歐陽因故責罵人事主管，讓機構撿到槍，指稱人事主管非常委屈，要帶著同事一起離職。歐陽自覺理虧，主動開口說暫緩復職。

後來歐陽再去上班時，同事全當她是空氣，不看她、不理她，也沒給她上班卡可以打。歐陽還未意會到這是暴風雨前的寧靜，直到董事長親自下樓來跟她說：

「妳沒做錯事，只是我們機構不需要妳。」

## 首先察覺自己有問題

剛開始歐陽很生氣，認為都是別人的錯，而且連具有革命情感的執行長都設局與背叛，讓她受創嚴重，足足六年走不出傷痛。這期間歐陽到處上身心靈課程，逐漸想清楚一些事。過去以為是對工作執著，並引以為傲，現在有不同想法，她說：

「當時，我可能生病了。」

英國BBC新聞網站曾報導工作狂鮑勃，他從五歲開始工作，幫鄰居除草、鏟雪、回收空罐，最後經商成功，可是健康每況愈下，而且經常睡到半夜跑到公司繼續工作，他太太受不了，要求他接受專業協助。鮑勃後來成為工作狂互戒會的志工，他說，讓工作狂上癮的「藥物」，其實就是腎上腺素。緊張、壓力、危機、最後期限，這些都會使工作者分泌腎上腺素，因此感到興奮而拚命工作。

美國心理學家布萊恩．羅賓森（Bryan Robinson）認為，是不是工作狂，看的不是工作時數，而是心理歷程，如果已經感到壓力、覺得被迫工作，並且不論何時何地都在工作，影響到人際與健康，最好是去看心理師或精神科醫師，尋求協助，切勿拖延病情，演變到最後沒了自己，也沒了工作，情況將更加棘手難以處理。

# 1-6 不只壓力、競爭，還有情緒的漩渦

在朋友的聚會中，經常會聽到這樣的對話：

「啊……他也得了憂鬱症，看不出來……」

「是啊，某某也是，都看不出來。」

根據聯合國世界衛生組織（WHO）的資料顯示，二〇二〇年全世界有三大疾病需要重視，憂鬱症是其中之一。在我們的身邊，越來越多人得了憂鬱症，其中不少都在就業年齡。健保署的健保資料統計，平均一年有四十萬憂鬱症確診患者，而相關研究指出就醫率只有二成，台灣估計應該有二百萬人罹患憂鬱症，占人口近九%，的確驚人。

## 四成患者在「職場黃金十年」

令人不可置信的是，年輕人超過半數！人數最多的年齡層是三十五至四十歲

（占二三％），其次是二十五至三十四歲（約二成），而十五至二十四歲則緊追在後，使得《天下雜誌》在二〇二〇年四月新冠疫情最緊張的時刻，做專題探討「青年憂鬱症」，呼籲社會重視。

人數占比前兩名，二十五至四十歲這十五年，包括正值剛步入社會工作的第一個「黃金十年」，一個毫無職場經驗的新鮮人既要適應，還要學習各種技能，若是必須承受憂鬱症的病情，壓力之大可想而知。到了三十五歲，又遭逢生涯第一次拉警報，很多大企業用人的上限就在這個年紀，緊接著卻要面對四十歲左右的前中年期，扛起職場與家庭的各種責任，無異都在推高憂鬱症爆發的可能性。

依據《天下雜誌》的報導，憂鬱症一年造成韓國經濟負擔約四十億美元，其中醫療花費占四．二％，其餘近九六％都是間接成本，包括無法工作，或是做不出應有表現，造成生產力流失。若將韓國模式套用在台灣，《天下雜誌》指出：

「台灣每年直接醫療費用六十六億台幣，社會經濟損失超過一千五百億元。」

美國國家心理健康研究院統計顯示，憂鬱症的平均發病年齡是三十二歲，正值人生中的工作黃金期。但是任何年齡層的人都有可能受到憂鬱症的侵襲，根據董氏基金會的資料顯示，人際關係單薄、習慣以單一角度思考事情、性格上自我要求太高的人比較容易罹患憂鬱症。

憂鬱症可以在沒有明顯原因的情況下發生，也可以被有壓力的事件所引發。而求學要求成績、工作要打考績，都會帶來壓力，這是憂鬱症好發於青年的原因。在我的採訪案例中，有一成因為本來有憂鬱症而在工作上跌跌撞撞，另有一成是在失業後得了憂鬱症，令我充分感受到憂鬱症的普遍，深遠影響到個人未來前途的發展。

## 自我要求高

NN讀高中時，成績不錯，卻不想遵循主流價值，堅持報考服裝設計系；眼看其他同學都上了國立大學，她也很努力讀書，四年始終名列前茅，對自己抱有高度期待。大四畢業展，必須做出六件作品，同時又要上課與打工，壓力原本已經爆表，卻碰到和室友吵架，情緒完全崩潰，出現語無倫次的現象，被同學緊急送回家，接著就休學了。

一年後NN復學，畢業展還獲獎，再度燃起她旺盛的企圖心，遠赴英國深造。回台後，在一個台灣品牌做設計師的助理，不僅沒日沒夜爆肝工作，還因為身處紅海行業，競爭白熱化，老闆從早到晚不停飆罵。ＮＮ初入職場，毫無經驗，被罵到六神無主，熱情陡然降到冰點，懷疑自己怎麼會一意孤行要走上這條路。

壓力大到無法承受，ＮＮ的憂鬱症再度發作，不得不再回家休養。前三個月，ＮＮ沒法工作，為了不要窩在家裡想不開，她回到母校擔任志工，做些簡單的事，比如操場拔草或整理書架。

其他志工都是家庭主婦，初起ＮＮ覺得自己很不正常，一個二十六歲的單身女性應該去上班的呀，跑來這裡做什麼！可是每次ＮＮ離開時，學校都會問她什麼時候再來，或是哪天有活動，可以來幫忙嗎？她感覺到自己被需要、受到歡迎。

「當我被世界拋棄時，在這裡找到價值。」

工作不談ＫＰＩ、不談業績，今天沒做完沒關係，明天再來完成就可以，毫無壓力，簡直是職場的烏托邦。ＮＮ說，這個環境是溫和的，適合用來調整步調，慢慢適應社會。而且學生天真可愛，成人的相處則像校園社團，相互幫忙，人與人之間的親密感是足夠的，近到能夠感受到彼此呼出來的熱氣。

「我喜歡這裡的溫暖，也有事情做，讓我心情變好，對於療癒是很重要的。」

## 完美主義者

從此，她再也沒回去白領精英的世界。一名懷有遠大抱負的年輕人，留學英國、讀服裝設計、從事時尚工作，後來一路輾轉換過不少工作，像是在教會做行政三年，每星期領二千元薪資，或是屈居在一家服飾店的角落做美甲五年，現在一家賣藝術家飾品的連鎖店當店員。對於工作，ＮＮ不再堅持非要怎樣不可，她淡淡地說：

「能夠溫飽、工作喜歡就好，不求其他。」

為了治癒憂鬱症，ＮＮ聽從教會朋友的建議，不再吃安眠藥或服鎮靜劑，改用食療與運動等自然療法；即使回家很晚很累，依舊散步半小時，一年後就不吃藥。七年過去，從很沮喪到生出信心，ＮＮ滿意現在能夠掌控人生、活得好。

小球則是高中發病，隻身到外地求學，要適應陌生的環境，功課又重，加上內向寡言，人際相處困難，都讓十六歲的小球承受不起。大學讀社會心理系，因為修法，無法從事社工，於是轉進零售業，在超市做生鮮助理，訂貨、理貨、上架。舉辦節慶活動時，小球得拉開嗓門叫賣，沒想到她並不排斥，做得挺帶勁的。

憂鬱症患者不少有完美主義傾向，自我要求高，小球也是。做了兩年多，很想當上主管，於是力求表現，結果牛角尖越鑽越進去，出不來了。比如貼標籤，別人肉眼看不出有任何瑕疵，她就是要挑剔到毫釐不差，工作自然做不完，其他同事便跳過來幫忙。同事沒說什麼，小球卻覺得拖累別人，自責得不得了。人與事攪在一起，失序了，她控制不了，再度憂鬱症發作。

小球覺得不對勁，主動求診，醫生要她住院三週，只得辭了工作。後來同事一再找她回去上班，她都拒絕，不想同樣事情再發生，小球說：

「他們不在意，我倒是很在意。」

花了半年找工作，能找的工作又有限，現在美妝連鎖店做店員，小球便提高警覺，自我提醒要衡量能力，不要攬事情做，也切忌吹毛求疵；若有需要時，開口請同事幫忙，不再一個人硬撐。否則生病了，公司不會幫她付醫藥費；失業了，也不會幫她付生活開銷。一切都靠自己，她深切體會到健康最重要。

## 職場憂鬱症

根據日本近年關於「職場憂鬱症」的研究顯示，許多患者在私人生活中一切如常，能夠愉快地和朋友們來往、從事休閒活動；一旦進入工作模式，就會變得精神憂鬱，甚至還伴隨各種生理疼痛，比如會出現以下症狀：

1.失去熱情：對工作、公司和主管感到排斥、厭倦、萎靡、沮喪。
2.拉開距離：對工作和同事冷漠無感、置之度外、敷衍了事。
3.低成就感：覺得工作瑣碎無趣、無法發揮所長，並且無力改善。
4.健康警訊：上班時會頭痛、胃痙攣、腸絞痛、頭暈；下班後會因為工作感到焦慮、擔心，也會有睡眠障礙。

發生的原因包括經常加班或輪班，造成作息大亂；或是競爭激烈、工作壓力大；或是與主管不合、遭同事排擠孤立；或是頻繁變動，比如調職或跳槽等。當察覺到身心有異常時，除了尋求專業的協助外，改變上述因素也能夠緩和。

憂鬱症是可以治癒的，不要選擇放棄。當憂鬱症遇見工作時，套一句日劇《月薪嬌妻》的名言：「逃避雖可恥，但有用」，換個工作、放慢腳步，甚至暫時失業，都是值得參考的做法。

# 1-7 辭職回家照顧的人是妳，不是你

芊芊是一所學校的約雇人員，二十九歲單身，離職原因居然是為了照顧年幼的外甥……姊夫是軍職不在家，外甥長了腦瘤，左半身癱瘓，經過開刀之後，頭蓋骨拿掉，即使裝回去也有縫隙，必須坐嬰兒座椅，並確保頭不可以晃動。可是姊姊有兩個小孩，一週有四五天要跑醫院，必須姊姊開車，而她負責小心翼翼捧著外甥的頭。說到這裡，芊芊反問我：

「你說我能不辭職嗎？」

慶幸的是，外甥在細心照顧下，兩年後可以走路了。說起來，芊芊是那種失業就覺得天要塌下來的人，即使周圍同事工作擺爛，或是心情不好就動不動離職，她可是沒那個膽子，無論如何都要隱忍下來繼續工作。下班後還兼職教舞，每月賺外快八千、一萬的。如果不是為了照顧外甥，她打死不會離職，能說這不是「母性光輝」嗎？

## 照顧者情結

失業原因存在著一個性別差異，當家裡有人需要照顧時，女性通常是第一個被叫回家裡；特別是薪水不高的女性，容易被視為保母或外籍看護的替代者，所以女性在婚後會有生涯中斷的現象，甚至多次進出職場。可是單身女性也不遑多讓，當父母年邁，感到不捨而主動辭職回家照顧的情形並不少。

這使得女性在三十歲時出現明顯的大轉折，以二〇一八年為例，台灣女性的勞動參與率在二十五至二十九歲達到最高峰為九一．八%，高於美、日、韓等國；然而自此之後一路不斷下滑，三十五至四十九歲已然降低至七四%，和美、日同等水準；到了五十歲以後就低於美、日、韓，其實男性亦然，這是台灣的就業市場對中年人不友善所致。

數字會說話，證明這是一個普遍存在的現象，也證明社會對女性的期待不同於男性，要女性扮演家庭照顧者的角色，而男性不必。大家都這麼想，自然會形成社會壓力，訴諸道德，讓女性以為必須要扮演照顧者，否則不是一個乖女兒、好太太、好媽媽、好媳婦，產生罪惡感，造成內心的焦慮不安。

這個照顧者情結，為職場生涯帶來錯綜複雜的心理糾結，比如選擇工作時，傾向準時上下班，以便能照顧家庭，比較不會考慮需要加班與投入更多的職務。足見才鳴槍，女性已經輸在起跑點上。其次在上班時，家人有任何狀況，請假回家照顧的也是女性；生了孩子後，很多男性認為孩子生病是太太的事，無庸置疑當然是女性請假照顧，偏偏不少女性也是如此自我設限。

## 角色責任，掙脫不得

有一位留學英國的博士回台，到南部大學找教職，系主任問了一連串問題。像是結婚了嗎？生孩子了嗎？孩子多大？最後她沒能夠拿到教職，因為對方擔心她既結婚又有孩子，無法全副心思放在工作上。專業女性在大學裡，尚且遇到性別歧視，更不必說私人企業的基層女性。幾位讀者跟我抱怨過，在面試時被問到：

「妳有沒有男朋友？」

「有。」

「什麼時候結婚？」

「半年後。」

「那麼我們不能用妳。」

我聽了也很生氣，但是不論統計或案例都指向同一事實，部分女性的確會受到結婚與生育的影響，容易離開職場；對公司來說，這不啻增加流動率、提高人事成本。當然我也同意，這不應該單方面歸咎於女性，而是職場不夠友善，未能協助員工安心照顧家庭，而且照顧家庭本來就是男女必須共同承擔的責任。

秀萍是另一個例子，她在大陸的台商做供應鏈，年薪兩百五十萬元，是典型的黃金單身女郎，日子過得優渥有餘裕。可是每當三個月回台灣一次，眼看寡居的母親日漸老去，非常過意不去，決定辭職回台灣。雖然年近半百，但是秀萍看起來彷彿三十來歲，充滿活力，這使得她沒有意識到年齡的威脅。

回台之後，秀萍才真正感受到青年普遍低薪，而中年人則毫無行情可言。當她的大陸經驗在台灣無法借用時，年紀就相對顯得異常刺眼，因此到處求職碰壁。特別是當企業聽到她在大陸的薪水，無不謝謝再連絡，再也沒下文。過了一年多，好不容易找到一家新創公司，月薪降到七萬元，她苦笑著說：

「這是我的底線！再低的話，我會不知道怎麼看待自己的價值。」

台灣女性比男性平均多活六年半，男性結婚年紀比女性平均長三歲，算下來，女性寡居近十年。以日本來說，女性平均活八十六點八年，但是健康壽命只有七十四點二年，不健康的歲月長達十二點六年！這麼長的期間，誰要負責照顧？一般來說，家裡若有女兒，當然首推女兒，尤其單身的女兒更會認為責無旁貸，一肩扛起。所以會越來越常看到兩代單身女性相依為命，這是秀萍回台的原因，但是

「選擇了孝道，就得犧牲工作，無法兩全，令人遺憾。」

## 被父母綁架的命運

吳宜芳是一名公務員，本來想做到六十五歲退休，可是五十二歲時就提早退了。因為有一天她回娘家探望父母，已瀕臨崩潰的母親正衝出門外，打算去自殺，吳宜芳阻止不了，決意只要能陪母親解脫人生的苦，到那裡都可以。母女兩人走了一大段路，在橋邊，大雨澆息了母親的尋死念頭。隔天吳宜芳就遞上辭呈，自此之後陪著八十歲的母親和九十五歲的繼父。

吳宜芳本質是個浪漫的人，學了很多才藝，像是串珠、配音、戲劇表演、寫小說等，對人生懷有憧憬，一直盼望下半場能過得精彩豐富，於是來跟我學斜槓，其

中一根斜槓是做銀髮模特兒，拍了一系列有款有型的照片，讓我和其他學生都驚呆了。這樣一個熱情擁抱人生的人，我問她，難道沒想過請外籍看護或居家照護員，好保有一些時間做自己嗎？吳宜芳說：

「有，但是母親堅持不要，她覺得要靠別人照顧是沒用的人！」

後來吳宜芳交出第一篇寫作班作業，我才明白她的母親性格養成其來有自。這位母親出生農家，自三歲懂事就學習洗米、打掃、撿柴、餵豬等家務，六歲起連年背著相繼出生的弟妹洗衣、燒飯及做各種繁重之勞務，並被禁止接受教育。十九歲時，兄長要結婚，為了籌措聘金，祖母強迫她嫁給鴨販的獨子。

婚後，她不僅每天要幫忙殺上百隻鴨，處理滿院的鴨毛及廢棄物，還受盡婆婆各種刁難、輕視及虐待。曾經離家出走，由於不識字，在問路時被警察通知婆家領回，之後的日子更是難熬。直到她服安眠藥自殺獲救，才被娘家父親帶回並協助躲藏。

未久先生車禍過世，吳宜芳的母親為了讓女兒有個戶籍，嫁給大她十餘歲的外省光棍，卻是愛喝酒又擺闊，她只得白天去市場賣菜，晚上幫人洗衣服，並利用空檔兼做家庭代工，含辛茹苦養大兩個小孩。老了之後，丈夫有各種慢性病，又大小意外不斷，母親堅持自己照顧。有一次母女聊天時，母親說出自己的害怕：

「我不想當一個又老又沒用的廢人，只會成為子女及社會負擔，多次要求妳繼父同歸於盡，可是他怕死，害得我必須如此痛苦地生活下去……」

## 與家人的關係，需要劃清界線

看看別人，想想自己，家家有本難唸的經，誰也別說誰。從上面三個例子看來，很明顯的，對於不少女性來說，生涯未必掌握在自己手裡，冥冥之中似乎有一條線牽引著人生的走向，那就是家庭。假使沒有站高一層去看自己和家人的關係動力，再優秀的女性都有可能如提線木偶，沒了自己，沒了方向，沒了靈魂。

我斷斷續續寫了三年的中年專欄，發現讀者八成是女性，最愛的主題是「勇敢活出自己」，這正好也是我第一本書的書名，足見這是女性一生的追尋，也是一生最大的課題。可是如果沒有察覺到家庭對自己的影響，恐怕一生都將陷在各種角色責任中無法自拔，像是女兒、妻子、母親、媳婦等，活出自己便是空談與空想。

要活出自己、掌握人生、擁有理想的工作與前途，前提是把自己放在最優先的位置，並根據家庭關係的分際，勇敢說不。

# 1-8 擋人財路死得快

我的朋友在三十出頭時，曾在學校任職，有一天發現主任跟廠商有勾結，私下拿回扣，這一驚非同小可，認為此風不可長，於是越級報告，告到學務長那裡去。本來他單純地想，學務長一定會出手整頓歪風；哪裡知道學務長跟主任提了此事，並且揭露告密者是他。

主任當然矢口否認，還反咬朋友一口；離奇的是學務長完全信了主任的片面之詞，並要主任處置這次的造謠風波。整件事發展急轉直下，炮口居然是對準他，太出乎意料，他完全不知道怎麼應對。學務長接著的做法更是不合理，要其他三組的主任一起來投票，決定是否要留下這位朋友。

## 舉發一人，得罪所有人

第一波投票，兩票對兩票，沒說朋友能夠留下，也沒說不能留下，其實事情發展到這裡已經可以喊停。但是學務長不想停，不言可喻，是學務長不想留人。這一天星期五，學務長宣布下星期一再投一次票。想當然耳官官相護，週末兩天運作的結果，第二波投票大翻轉，四票都不留他。最後報上去的資遣理由是……

「下班後兼職，違反人事政策。」

事後朋友回想整個過程，終於想通了，得出一個意味深長的總結：「也不知道學務長與主任是什麼關係……」還好，總算不至於死得不明不白。

這讓我想到一篇文章，寫到有個年輕人請教前輩的成功之道，後者在業務上做得極為出色。前輩說，不論在職場或商場，這一生他務必做到不擋人家兩條路：

1. 不擋人色路。
2. 不擋人財路。

在前輩的經驗裡，凡是犯這兩樣大忌者，下場都難看。可是一般人，特別是年輕人，扛著正義大旗，最愛爆料舉發的便是這兩件事，絕對料想不到一個不小心就會被消失，人間蒸發。

貪汙容易被吃案，原因只有一個，它屬於組織型犯罪。根據商周網站，中國信託第一個不姓辜的董事長羅聯福曾寫過一篇文章，教人如何拒絕拿回扣時說到：

「回扣給一個人一定無效，必須要給一票人。」

羅聯福在負責信用卡部門時，為了要翻新資訊設備，與外國廠商洽談。先是來了一名外國人，羅聯福列出需要哪些規格，以及期待品質水準到達的程度，外國人回去了。不久之後，羅聯福被邀請到飯店一談，出面的是外國人的主管，對方問他要多少回扣，並拿出一份名單，列著兩人，一位是羅聯福，另一位是資訊主管。

至此羅聯福才明白過來，對方以為他在刁難，目的是為了錢。於是羅聯福明白表示，中國信託沒有收回扣的規矩，但是他今天知道廠商的底價多少，請對方回去重新報價。後來這名外國人被開除了，中國信託也贏得廠商的敬意。

## 放火，反而「被火」

組織有這個文化，多半一方面習以為常，不以為有錯；二方面認為天下烏鴉一般黑，就算是白的，也會被迫染黑，否則無法在組織裡生存。因此舉發一個人，很大的可能等於得罪所有人，而這個白目的「圈外人」勢必要被做掉。

這就是為什麼經常聽到有貪汙情形，卻少有被糾舉成案或是為此吃上官司者，它們多數只是大家茶餘飯後的談資罷了，繪聲繪影、煞有其事，卻始終未見公司辦人，以正歪風。很多人氣憤填膺，大罵公司腐敗、主管蒙蔽，其實真正原因是這件事太難辨，主要原因有二：

1. 它可能牽涉到一堆人，若是要辦，難免「動搖國本」。
2. 不確定背後「最大尾」是誰、層級有多高，難免殃及自己。

風傳媒報導過一個案例：戴立紳在中年時為了養家，花了幾年時間考上公務員，發現主管將個人應酬或同仁聚餐單據用來報銷公帳，公家購買的行車紀錄器、高檔手機都拿回家自用……，有一次他陪同政風處去調查另一個單位的案件，發現和自己單位主管的做法一模一樣，便問政風處這是犯了什麼罪，政風處答：

「貪汙。」

政風處要業績，要他站出來舉發，卻未盡保護之責，洩露了他的名字，換來戴立紳三年被霸凌，以及國家發給的一紙「免職令」，還有後來因為被貼上抓耙子的標籤，四年求職到處碰壁。

當時，戴立紳的供詞被傳閱全單位，主管在他的座位灑符水說是要驅鬼，同事也奉命隨時拍攝他的一舉一動，無異是受到整個單位上下的排擠，精神凌虐的程度令人不寒而慄；換作我們任何人，受到這種對待大概只能身心崩潰、落荒而逃吧！戴立紳一例，更加說明貪汙是一種風氣、一種文化、一種共犯結構，個人舉發經常是螳臂擋車、徒勞無功，反而陷自己於萬劫不復之地。

## 看不清幕後操盤的人

貪汙，最常發生在採購部、業務部。不過老實說，如果只是猜測，因為很難證據確鑿，再加上庭院深深，結局極有可能是抓不到真正的鬼。

凡凡在半導體業做生產管理十多年，面對一成不變的工作，感到倦勤，後來轉往車用市場，新公司是做電源。到任未久，業界嚴重缺貨，主管指名多配貨給某家廠商，可是凡凡認為應該按照規矩來，不能讓其他老客戶等不到貨，影響到他們的生產，於是自作主張沒照辦。主管震怒，一狀告到老闆那裡去，說了凡凡諸多不是，接著直接招募新人頂替凡凡，還設下防火牆，跟新人說：

「不必跟凡凡交接，他會把壞習慣教給你。」

這件事原本可大可小，主管卻將它升高層級辦理，逼得凡凡非離職不可，凡凡百思不得其解怎麼鬧得這麼嚴重；事過境遷，凡凡把事情從頭到尾想一遍，禁不住懷疑主管跟這家廠商有私下往來，處心積慮要除掉凡凡這個阻礙。但是猜測歸猜測，缺乏事證，就是不能胡亂指控或八卦謠傳，否則不僅容易惹事生非，也可能吃上官司。

可見得遇到這種事，要嘛低頭做事，眼不見為淨，一句話都不說；要嘛小心處理，首要原則是看清楚牽涉範圍有多廣，背後真正主其事的人是誰，再來稱稱斤兩，衡量自己的手腕是否夠粗、是否有能力處理，才不至於落得不成功便成仁。

甚至在有股東的公司，有的經營者打的如意算盤是「賺自己的，賠股東的」，背後操盤的可能是董事長、總經理，誰都沒有能力硬碰硬吧！不過若是到了這麼高層，一般員工也是看不清楚究竟，不留心就會踩到雷區。

## 做好自我保護

有句話說：「擋人財路，猶如殺人父母」，簡直是不共戴天的深仇大恨。有些人以為舉發貪汙是英雄行為，結果常常英雄沒做成，反倒成了狗熊，因為不少是上面授意，早已藏汙納垢、爛成一窩，膽敢舉發就栽贓到你身上。放這把火，燒到的可能是自己；捲鋪蓋走路的不是對方，而是自己。

話說回來，假使自己是流程的一環，也會經手，顯然已經陷入風暴裡；而且還是個「圈外人」，屬於非常凶險的情況，務必做好自我保護。因為貪汙的人想的無非是把大家都拉進圈內利益均霑，誰也別說誰黑；相對的，圈外人等於是不定時炸彈，勢必要除之而後快。蹚不蹚渾水都是難，因此建議你：

1. 做好自我保護：像是影印、拍照或截圖，留下事證。
2. 別像個不長眼的人：謹言慎行，話到嘴邊留三分，減少被盯上的可能性。
3. 儘早擇良木而棲：把履歷丟出去，開始找工作，先走為妙，安全至上。

# 1-9 打壞了「老闆」這張王牌

「在公司裡，你最需要了解的人是誰？」

這是我在上斜槓基礎班，講到商業模式，必問的一題，答案不一而足，有人說自己，有人說客戶或主管，但是我的正確答案是老闆。接著我會問大家為什麼要了解老闆，答案就統一了，眾口一聲說，因為老闆發給我們薪水啊！

可是奇怪的是，多數員工看到老闆遠遠走過來，第一個反應是若無其事似的拐個彎溜走，不想被老闆看見！結果會怎樣？

## 不是無意，而是無知

當被加薪的不是自己時，這些人便會抱怨：「老闆都沒看見我的努力……」事實是這樣的嗎？當然一點都不是，而是自己根本不讓老闆看見吧！所以員工多半言行不一致，卻絲毫沒有察覺。而有沒有讓老闆看見，真的差很多！一位人資主管告訴我，公司有三名候選人要升遷，條件與表現不相上下，老闆指著其中一個名字問道：

「咦？是不是運動會時，玩兩人三腳，褲子掉下來的那個？」

在一陣哈哈大笑之後，不騙你，這個人升上去了！所以不讓老闆看見，下場不僅加薪與升遷輪不到自己，更慘的是在開出資遣名單時，卻是第一個上榜。偏偏有人被老闆看見了，同時也得罪老闆，這是生存大忌的第一條。不過沒有人要跟自己的飯碗開玩笑，這些得罪多半是無意之間犯下的。但是要知道，職場只有無知，沒有無意這回事。

石協理四十一歲時，在某家族企業負責行銷公關部門，轄下十多人，可說是少年得志，遺憾的是也年輕氣盛，政治智慧比不上工作能力，最後敗在這裡。剛被資遣時，她感到莫名其妙，自己的業績明明是公司有史以來最亮眼，為什麼公司不用她？直至多年後，近五十歲大關再回首，終於想通了，原來得罪老闆而不自知。

由於過去歷任公司的訓練嚴謹，石協理一切以專業至上，加上口才便給、能言善道，做事乾淨俐落，整個人就是一個龐大的存在，在人群中很難看不見她。相反地，他的老闆個兒矮小，不到一百六十公分，長相不佳，如果不是背後有父親交下來的事業撐著，一個眨眼就被輕忽，難免有說不上來的自卑。

石協理壓根兒沒有意識到這個問題，當有媒體要來採訪老闆時，她的標準動作是第一步跟記者了解要採訪哪些重點，第二步回過頭來跟老闆報告這件事。老闆都會循例問她：「一定要接受這個採訪嗎？」石協理便會回答：「依照品牌的高度而言，您必須接受採訪，理由有三點，第一點是……第二點是……第三點是……」一板一眼，簡直是老師在教訓學生，一副「乖，聽我的話，你現在就上」的樣子。

這時候，老闆都會坐在偌大的辦公椅裡，往後滑，拉開與石協理的距離；石協理還會趨前幾步，擔心老闆沒聽清楚。

## 不經一事，不長一智

再有一次下雨，遇到老闆在等司機開車過來，但是手上沒有傘，石協理有帶，便問老闆要不要一起撐，老闆竟然用逃開的方式走了，連車子都不等。當時石協理也愣住，心想「我是哪裡錯了嗎？」說到這裡，石協理再度強調一遍：

「沒錯，他真的是用逃離現場的樣子跑掉了。」

沒多久公司來了一位顧問，本來每週來一天，後來天天上班，不時會找石協理吃午餐，最常問的話是——

「你跟老闆相處上，有沒有什麼困難，是不是有需要我幫忙的？」

在此之前，石協理的生涯發展一路順風順水，未經歷挫折，政治ＩＱ是零，也就沒想太多，還當顧問是長輩，真心想幫忙解套，就一五一十說出內心的疑惑與失落。次數多了以後，石協理感到不對勁，覺得好像在被套話，才把嘴巴閉緊，維持表面的禮貌。幾個月之後，水落石出，真相大白，顧問成為總經理，接著帶進團隊，全面接班。石協理有一天被叫進辦公室，總經理開口就說：

「我們會給妳一筆錢，妳就辦一辦手續，主動離職吧！」

經過這個慘痛的教訓，石協理現在變了個人，工作態度大幅調整，比如：

以前不會去了解老闆，現在她會用心去體會老闆的好惡；

以前沒事不會去找老闆，現在有事沒事就去跟老闆哈啦兩句；

以前專業至上，看起來要很厲害的樣子，現在是讓老闆看起來厲害才行；

以前深怕做錯了，現在不怕偶爾犯錯，讓老闆訓話兩句，還要表示很受教……

## 情緒會毀了你的前途

作家吳若權在著作《謙卑的力量》中寫到，自卑的人，之所以無法真正謙卑，是因為把自己的尊嚴看得太重。而石協理表現得極度專業，對於自己的期待幾近苛求，以致表現出來的態度不夠柔軟，讓人感受不到溫度與人味，都在無形中拉開和老闆之間的距離，反映的其實是自卑，並非專業上的自信。吳若權說：

「放下控制對方的念頭，才能抵達他的內心；放下對別人的成見，才能抵達自己的智慧。最終，會有那麼一天，放下所有的自己，抵達生命的遠方。」

像石協理是無意之間得罪老闆，錯不在她，而在於老闆的自信心不足。但是不得不說，職場還有另一種政治無腦兒，始終留在狂飆的青春期，對任何人或事都經常不順眼，總覺得公司沒制度、主管沒擔當、老闆沒遠見，而他是誰呢？來改變世界的人，全公司只有他一個人有想法！有想法不犯法，但就是不能犯上，問題是這些人特別愛挑釁，誰權力大就挑誰對幹，掛在嘴邊的話經常是——

「老闆就是愛聽話的哈巴狗，我就不是這種！」

「什麼叫作專業？就是講該講的話、做該做的事。」

「要讓我服氣，必須這個老闆拿得出本事來。」

這種人，在上個世紀的報社裡多的是。有一次開員工大會，一位編輯指著老闆說：「電腦不升級，這是壓榨勞工、沒有人性。」不騙你，當老闆回到自己的辦公室，我看著他整個人氣炸了，還不斷地反問自己：「說我沒有人性，難道我是禽獸？」但是令人敬佩的是，下次他再看到這位編輯，口氣依然溫和，態度仍舊禮遇。該編輯後來還一路升遷，我跟他有些小熟，看來他渾然不知曾大大得罪過老闆。

再有一次為了處理新聞，老闆持不同意見，一位編輯主管居然指著老闆的鼻子說：「你管你的企業，報社的言論立場輪不到你來管。」接著拍了桌子、甩了門，揚長而去。後來還是老闆請他回來上班，並且不計前嫌，給予重用。我上班三十多年，有如此寬闊胸襟的老闆並不多見，這種事的下場多半是冷凍或開除。即使事後悔過，回頭求老闆格外開恩，也都是覆水難收，為時晚矣。

## 謙卑的力量

吳若權在《謙卑的力量》再度談及，人生在世，若要爭一口氣，該爭的是新鮮的空氣，不是情緒的意氣。人在順境時，保持謙卑，既是內在的提醒，也是行為的節制。在顧及他人觀感的同時，也能保護自己的安全，以免遭嫉或發生意外。警惕世人不要樂極生悲，也是一種謙卑的叮嚀。

在公司裡，老闆是最後一張王牌，請務必握在手裡。假使不小心弄破了，不妨學學日本一項傳統工藝「金繕修復」。它始自十五世紀，用來修復破裂容器，但是不去掩飾或隱藏容器上的缺口與裂縫，反而在上面上漆並撒上金粉，裝飾得更為美麗，讓損傷更具價值。這可能需要十倍努力，但是你會看見謙卑的力量。

「謙卑是，態度上的敬讓，和心情上的禮貌。」——吳若權

# 1-10 失業像極了疫情

失業與否，除了前面談到的企業經營管理問題，以及個人與家庭因素，環境也會波及到生涯的穩定與安全。大家印象最深刻的，莫過於新冠疫情。但是在天災人禍之外，面對經濟政策、產業更迭，還有行業特性，個人也是毫無招架之力，這都為失業增添諸多不確定性。

從二〇一九年底中國傳出新冠疫情，直至二〇二〇年秋天，延燒大半年，全球都未見落底。每天看著確診人數破五百萬人、六百萬人……死亡也是十萬人、二十萬人直直往上竄升。各國政府不得以祭出首見的封城與鎖國，結果哀鴻遍野，再看新聞時，多了兩個數字，一個是失業人數，一個是貼補金額。

新冠疫情爆發，應該是這一代上班族離失業最近的一次。很多人這輩子從來沒想過失業會迫近在眼前，這次站在懸崖邊，眼見下一步就要跌入萬丈深淵，只看企業要推下去的是自己或另一個同事。這種瀕臨死亡、見證死亡的實境演出，讓上班族第一次正視失業的存在是如此真實，不少人跟我說：

「原來我也有可能失業！過去，我一直以為那是別人才會發生的事。」

## 沉默不語，一定有事

這個時間點，正好是我前一年開始從「職場作家」跨度到「斜槓教練」的時候，教導大家怎麼做斜槓。根據開課公司的經驗法則，第二年上課人數會大爆發。事實證明的確如此，我從一個月開一堂課到開十堂課，每班人數從幾十人到破百人，呈現數倍的高成長。但是隨著疫情日趨嚴重，為了配合政府對聚會人數有所限制，不僅自動縮減人數，也下狠手砍班。說起來，我也在受災戶行列裡面。

才要起飛，哪裡知道就折翅了……不過危機就是轉機，意外地在五月底推出線上課程，教導大家怎麼求職與兼職。它並不在我原來的開課計畫之內，然而新冠疫情改寫了人們的行為習慣，像是人與人的社交距離拉大，儘量做到零接觸。是否會因此影響到線下實體課程在未來的發展，尚未可知；反過來倒是可以確定的一點，線上課程將快速蓬勃發展。

能夠順勢轉彎，從線下跨足線上，我真的是再幸運不過了！因為很快地我就發現在我的學生當中，有些人狀況並不佳。

事情是這樣的，我教斜槓，最大的一個特色是陪同與督導學員一年，不僅回答問題，還要帶領大家每個月做進度報告一次。在疫情期間，有些學生不同往昔，顯得異常地安靜，不露臉、不出聲，我當下心裡有數，不做過度的催促。隔了一段時間，看來心情平靜一些，露臉了、說話了，才知道他們都被疫情打到……

## 三種人，三種情況

可是被打到的痛點完全不同，這是因為來學習做斜槓的人分成三種背景：

### 第一種是上班族

有的被減薪、有的被放無薪假、有的被資遣，新聞比較多是這類報導。比較少見到被提及的，反而是多數人遇到的情景，由於公司訂單被砍，上班沒工作做，覺得公司看來是不穩了，猶豫著要不要再撐一陣子，再決定是否要換工作。但是家裡有老有小等著吃飯，心裡慌、心裡急，擔心到頭來公司喊倒就倒，連資遣費都拿不到就更慘，全家只能喝西北風。

### 第二種是待業族與退休族

學員在上完我的斜槓課程，學到一套有系統的商業化方法論之後，各個磨刀霍霍，就待黎明的號角響起，哪裡知道聽到的是喪鐘響起，等到的是百業蕭條，商機一下子全都消失不見，英雄完全無用武之地，以致感到挫折不已，也見不到黎明何時來臨。

### 第三種是個人工作者

有攝影師、化妝師、霧眉師、美甲師、芳療師、瑜珈老師、健身教練、導遊領隊等，主要是來跟我學習經營自媒體、打造個人品牌。不過我得說，其中有多位早已經獨當一面，坐擁小山頭的勢力，握有五千一萬名粉絲者所在多有。他們的工作都是和人貼身接觸，當人人戴著口罩，坐梅花座，不斷搓肥皂洗手，生意當然一落千丈，這些一人老闆哭給誰看呢？

## 大牌攝影師，淪落當助理

真要說起來，這些自由工作者的「職涯韌性」非常驚人！我有一名學生讀設計，畢業後做平面設計，後來遇到大學失速地開起設計學院，年輕人如潮水般湧出，來跟他搶飯碗，他就改行拍婚紗照，竟然也能做到粉絲五六千人。

後來再看到年輕人不婚的趨勢，決定增加一根斜槓，教父母幫孩子拍照，設計了一個slogan：「父母是孩子最好的攝影師」。然後跟我學寫作，從很痛苦地只能寫一百字，到最後洋洋灑灑寫上一千字，還感人肺腑。有網友看了之後，表示文章打動他，他很高興起了共鳴，在群組留言鼓勵班上同學一起繼續寫下去：「把冷冰冰的商品與服務寫出溫暖、寫出感動、寫出見解，說服力就跟著來了。」

他們班上太欣賞他，選他做班長。但是疫情期間他沉寂了好一陣子，再露臉時解釋：「疫情拖太久了，沒人結婚、沒人拍照，接不到案子，心裡很著急。後來朋友在拍電視，我就去當助理。」

可見得這波疫情不被打到的幾希，我卻幾乎沒聽到有人在抱怨，大家的反應都是摸摸鼻子，繼續想辦法找活兒來做，先能夠生存下來再說。

## 職業軍人，差點丟了鐵飯碗

還有一名學生米克是職業軍人，出身低收家庭，弟弟與妹妹都屬於身心障礙，求職不易，而且在職場老是被霸凌，工作做不久，於是他來跟我學習斜槓，下班後帶著弟弟妹妹去學整復，想要開一家整復所，幫助他們靠著雙手自力更生。最難能可貴的是他有一個願景，假使整復所成功了，他要複製幾家尊嚴工場，幫助其他身心障礙的朋友都有工作做。

由於個性積極而正向、不畏困難，很像電影的美國隊長，同梯學員不僅選他當班長，還喊他「米克隊長」。他們一家子忙了快半年，整復所終於在農曆年前開張了，起初生意很不錯，米克來問我要不要辭掉軍人的工作，我毫不猶豫地告訴他不行，不能夠丟下這個鐵飯碗，才能安心做好斜槓。

再來劇情的發展可想而知，疫情不停，生意急轉直下，再加上他要調到外島，沒法照顧弟妹與整復所，只能無奈地暫時收起來。這個變化球來得太急太快，很少人接得了，米克隊長以前天天會在群組跟大家加油打氣，卻足足有一個月不太說話。不過他倒是特別跟我道謝：

「謝謝老師勸我不要辭掉工作，這是不幸中的大幸。」

倒不是我會預卜先知，而是我吃的鹽巴比他吃的米多，明白八字真理：「人生無常，職場無情」，知道壞日子終將會來臨，也終將過去，都是人生的常態，而上班族能做的就是穩健中求成長，每一步踩實，不急不躁，慢慢也能夠累積出豐實的收成。畢竟是「米克隊長」，當另一位學生也遇到困難，米克還安慰他：

「還好你早點遇到真金考驗。」

這位學生教鋼琴，上完斜槓課程後，離開原來剝削勞力的音樂班，另外與人合夥創業。可是時機太差，營運上出現諸多未曾預期的困難，難免有磨合問題，比如沒賺到薪水，還要再貼資金；或是沒有一個新學生是掛到他這裡……讓他看清人性，低落不已。還好這位學生開朗樂觀，一兩個月後又到處教課。

## 失業與疫情很相似

新冠疫情在歐洲比亞洲傷亡慘重，其中一個原因是歐洲有百年未曾遇到疫災，疏於警覺與防範，一開始他們還嘲笑亞洲人小題大做，把戴口罩的華人視為瘟疫，避之唯恐不及，這種輕忽的心態導致後來疫情一發不可收拾。亞洲不一樣，以台灣來說，這次表現亮眼主要是因為二〇〇四年發生過SARS，大家記取教訓，做了超前部署。

假使你有過被失業的經驗，或許會注意到失業跟疫情非常類似，它們有以下三個共同點：

1. 都是事先料想不到的意外，無法預期，也無法防範。
2. 都是可以超前部署，起頭小火時先滅火，不至於在後面延燒成大火。
3. 都是可以累積經驗、控管風險，無法避免事情的發生，卻可以減少傷害。

像台灣，遇見SARS時脆弱不堪，驚慌成一片；事隔十六年遇到新冠疫情，變得超乎想像的強大，這就是成長！一樣的，第一次遇見失業，可能有一種天要塌下來了、這一生完了的毀滅感，而一蹶不振；再到第二次失業危機時，不僅表現得比想像中堅強，還能夠拿出一套方法處理各種困難，最後沉著穩定地走過危機期，迎向新的人生，這就是進步！

不論疫情或失業，都是真金考驗；唯有越挫越勇，才能練就千錘百鍊不壞之身。

# 1-11 今天站風口，明天變炮口

俗諺說：「男怕入錯行，女怕嫁錯郎」，聽起來陳腔爛調，年輕人怕是聽不進耳裡，卻是顛撲不破的真理。中國大陸小米機崛起時，創辦人雷軍說了一句名言，至今傳誦不已，那就是「站在風口，豬都飛起來」。其實這兩句話說的是同一個事實，選對行業，等於站在風口，不管能力高低都會順勢飛起來；相反的，選錯行業則是站在炮口，即使能力再強，照樣轟得稀巴爛。

## 再優秀，也怕入錯行

一般人以為台灣是代工島，科技業發達，理工就是熱門科系，進去竹科大廠任職，一躍成為科技新貴，股票分紅或薪資優渥，就算爆肝或血汗都值得。而真相可能讓人失望，原因有二，其一是科技變化快速，越來越多是斷裂式的不連續科技創新，造成整個產業滅絕，以及工作消失；其二是隨著政黨輪替，產業政策不斷變焦，眼見跟上了，轉眼卻掉隊，也會造成大量失業。

台灣在這二、三十年經歷過不少這類慘痛教訓，政策搖擺不定、產業更迭快速，害死不少企業，也影響到為數不少的理工人才，在工作一、二十年後，中年突然遭逢浪潮翻轉，趴在沙灘上沒穿衣服，再也難以恢復元氣，在就業市場占有一席之地，甚至失業多年，從家裡最光采的孩子變成最沉重的包袱。同樣是讀理工，結局有幸有不幸。

二〇〇二年台灣推出「兩兆雙星產業發展計畫」，本來是要挑戰二〇〇八年，成為重點產業，最後卻落得不僅整個江山拱手讓人，原來稱霸全球的企業多年來欲振乏力，東山再起困難。

兩兆，指的是未來產值分別超過新台幣一兆元以上的半導體產業及影像顯示產業；其中影像顯示產業的第一階段，以平面顯示產業（面板）為發展重點。雙星，指的是數位內容產業（包含軟體、電子遊戲、媒體、出版、音樂、動畫、網路服務等領域），以及生物技術產業，這兩項產業都屬於未來的明星產業。

政府掄起大旗用力一揮，企業一呼四應，共襄盛舉。一旦遭遇瓶頸，或是政黨輪替，產業政策馬上轉彎，這些力挺政策的企業第一個受害，資金拿不回來，還落得讓投資人大罵「騙子」的下場。

## 選擇大於努力

覆巢之下，焉有完卵？企業玩不下去，員工只得出局。國定便是一個典型的例子，自從四十三歲失業後，一年半過去，未曾找到工作。屋漏偏逢連夜雨，在失業半年時，剛結婚一年、小十歲的妻子說對他沒感覺了，離婚他去。在黃金壯年，遭逢失業與失婚雙重打擊，誰會想像得到他是台成清交這類頂尖大學化工研究所畢業的高材生？

說起來，國定還真是時運不濟，接連遇上近年三個帶衰的行業。先是投入面板業，六年後面板業垮了，這時三十冒出頭，轉換跑道到生醫科技，也是看好這一行喊得震天價響，哪裡知道這家公司是一個泡沫。接著台灣吹起太陽能風，媒體大肆報導，儼然下一個風口，業界一窩蜂投資，國定順著風向也跟著進來。熬了十年，還沒見到這顆太陽日正當中，卻已然沒入沉沉的暮色裡。

最後是一家上市公司，一切按照規矩來，不想大量裁員，因此採取分批資遣。年輕的同事不想等那一丁點資遣費，早早打包走人，趕快找下一份工作才是個正經事。留下來的都是上了年紀的員工，資歷多半在八年以上，四十三歲的國定也是其一。這樣一個學經歷俱優的人才，這一整年上班時都在做什麼？

「清洗機檯。」

一開始踏入社會，國定對工作充滿熱血，每天七點四十上班，凌晨兩點多下班，每天睡不到四個小時。主管都挑晚上十點開會，走的時候還撂下話來：「明天一來，我就要看到報告。」做到後來，二十九歲就心律不整。沒日沒夜的工作，是業界的常態，說得好聽是責任制，沒有加班費、沒有補休，根本是無限責任。

在面板業任職時，國定曾跟日本 Sharp 有互動，後來的工作都是在無塵室或實驗室裡，跟外界零接觸，國定形容只有消耗、沒有成長，有一種越活越回去的感覺。可怕的是工作換來換去，全是一個樣，壓榨勞力的血汗工廠，國定說：

「不過是從一個火坑，跳到下一個火坑。」

## 結構性失業

他知道過了四十歲要求職，透過人力銀行的成功率極低，必須靠人脈。可是這些年下來，認識的人有限，都在同一個業界，無不是做一行怨一行，不想拉朋友進火坑，或是有的本身就泥菩薩過江，也無力引薦國定。所以失業之後，國定的人生幾可說是陷入泥淖裡，動彈不得，無計可施。說到這裡，他慨嘆：

「選對行業與工作，真的很重要。」

若是能從頭來過，國定說他絕對不做廠裡的工程師，而是要改跑外面做業務，或售後服務工程師，人脈廣、資訊多，發展的路子會寬一些。至於當過主管是否比較有利，倒是未必，因為國定的新總經理一上任，便拔掉做了十九年的廠長，安插自己的人馬。在他看來，人人不過是一顆棋子，都可以被取代，結論是……

「職場是黑暗的。」

失業分成幾類，其中一類是結構性失業，指的是市場競爭或產業更迭所造成的失業，由於需要再訓練或是遷移才能找到工作，這類失業的時間會比較久。而造成產業更迭，背後有兩股力量，其一是科技創新，其二是商業模式改變。

科技創新的例子不可勝數，比如數位相機出現後，軟片產業便走向衰退；當智慧型手機具備拍照功能，數位相機就少有人使用。至於商業模式改變，就像電子商務興起，店家生意大不如前；或是自助旅行當道，旅行社的團體旅遊就少了。況且不論科技創新或商業模式改變，腳步都越來越快；當我們在享受生活便利與豐富的同時，也正面臨工作消失的後果，苦於來不及培養新技能、銜接不上新工作。

## 因應瞬變的兩面戰略

時代的巨輪，從來不會停下來等我們準備好，而是不停地往前走，越走越快。我們該怎麼因應？建議你採用兩面戰略，既要跑得快，同時做好生涯布局，分散風險：

### 1. 競爭時，採用紅皇后戰略

在《愛麗絲夢遊仙境》裡，愛麗絲跑得氣喘吁吁地說：「在我的國家，如果像這樣跑，通常會去別的地方。」紅皇后嗤之以鼻地說，那是一個緩慢的國家，在她的領土可不一樣，「要一直拚命跑，才能保持在同一個位置上；如果想前進，就必須跑得比現在快兩倍。」

哈佛學者史都華・卡夫曼（Stuart Kauffman）將此引伸為「紅皇后效應」。在商業世界裡，競爭者與防禦者兩邊的速度與力量與日俱增，如果要強過對方，只能用兩倍速度超前。同樣的，人人必須用力奔跑，才能留在原地、保住工作，否則就會被甩在時代的後面。

## 2.布局時，採用資產配置戰略

選錯行業，方向不對，跑再快也是枉然。人生是一場賭注，誰都不知道是否押對寶，上面說的國定是最具代表性的例子。最好的防守戰略，不是在同一個押注下兩倍籌碼，而是分別押在兩注上，押錯時是分散風險，押對時是資產配置。因此上班之餘，拉出第二曲線，當上班的工作變黑白了，人生也不會歸零、一無所有，而是彩色繽紛、豐盈滿滿。

# 1-12 三百六十五行，不是行行都有班可上

有時候我會聽到企業在抱怨現在的年輕人，花了一個月面試之後，決定錄取某位應徵者，對方卻說：「工作兩年都沒有休假，想要趁著換工作中間的空檔，出國旅行散散心。」弄得企業不上不下，不知道要用此人或是換成別人，因為工作不能放著沒人做，最後還得拉下臉跟對方討價還價，看看能不能儘早來上班。

這樣的上班族，恐怕難以想像在就業市場存在為數不少的一群人，並不是每天都有班可上，而是這個月報到了，不知道下個月還能不能繼續來工作。他們經常是做二、三個月，空一、二個月沒事可做，因為這一行會受到季節性或景氣循環的影響，稱之為「季節性失業」與「循環性失業」。

## 餐飲與設計畢業生氾濫

俗諺說「三天曬網，兩天打魚」便是典型的例子，打魚是看天吃飯的行當，颱

風要來了，當然不能冒險出海，所以農漁業屬於季節性失業。在工商業時代，營建業與旅遊業也會季節性失業，像是澎湖自九月起風大了，當地旅遊業便要休息半年，隔年再開門做生意，接下來這半年就要度小月，做點其他營生，貼補家計。

而循環性失業，指的是行業有固定的景氣循環，有訂單就徵人，沒訂單就裁人，早已成為業界的常態，從業人員必須適應，否則光是工作不穩定帶來的焦慮是會殺人的。說起來也有些不忍，由於產業的特性，他們也是頻繁失業的一群，對於生涯的思維與布局，跟一般白領上班族大相逕庭，自有一套生存邏輯。

在我這本書的案例採訪中，阿丁是唯一的黑手，這是我不熟悉的行業，他告訴我很多他們的想法與人生故事，每每讓我驚詫不已，大開眼界，認識到住在這個星球、卻是平行世界的另一群人。

十二年前，阿丁畢業於大學的餐飲科系，是錯誤的教育政策下的一群受害者。台灣這二十多年廣設大學，其中擴張最快的當屬設計系與餐飲系，整個社會也不斷鼓吹年輕人從事設計與餐飲，粉紅泡泡吹得又大又美，讓年輕人以為這就是要追尋的夢想。結果是讀了四年，才發現根本沒有那麼多工作可做；就算找到了，由於僧多粥少，薪水也低得可憐。

台灣薪資凍漲十六年，其中不少行業根本倒退嚕，阿丁說，十年前進餐飲做服務生，月薪是二萬五千或二萬六千，現在是領基本工資，像二〇二〇年是二萬三千八百元，硬是少了二、三千元。最令人痛心的還是「高教育低就業」現象，試問做服務生何必讀到大學畢業？而這些大孩子多半是一出社會就得還幾十萬元學貸，那點薪資連過生活都困難，哪裡還得起錢，更別說對人生懷有希望。

## 黑手沒人做的原因

偏偏餐飲業講究年輕與外表，過了三十歲就不太有人會錄用，工作壽命短。而且這一行看似工作八小時，其實幾乎兩頭班，前後算下來要耗十二小時。一整天工作下來，累癱了，回家就放空，滑手機或倒頭大睡，少有人會認真去思考未來人生走向，也沒有勇氣轉換跑道。不過服務生一職終究非久待之處，阿丁的男同事九成的下一個轉彎都去做黑手，完全離開餐飲行業。

一般來說，黑手屬於3D工作，這是很多人不想從事的原因。3D是dirty（骯髒）、dangerous（危險）、difficult（辛苦）。經常看到小工廠的老闆接受媒體採訪時，指稱現在的人不夠吃苦耐勞，都想去吹冷氣做服務業，不願意到工廠做黑手，說得好像大家好逸惡勞，事實並非如此。我朋友的兒子讀機械系，有一年到南部一家工廠實習，撐了一個月就不做，他告訴我們：

「太難以想像，這些師傅做了一、二十年，手藝精準熟練，每天八小時不得喘息，老闆娘還動不動就從冷氣房衝出來破口大罵，他們都悶不吭聲，低頭繼續做事，月薪還未破三萬元。」

可以想見工作環境與氣氛有多惡劣，無奈的是這是業界常態，員工習以為常，心裡想的是無非是為了混一口飯吃，就忍著點吧！不過令人不可置信的是，跟餐飲業的服務生工作相比，阿丁卻認為這裡稱得上天堂，一方面薪水多個幾千元，一方面固定八小時，也不必輪班，能夠陪伴家人。再來，阿丁特別強調：

「至少還有學到技術。」

這個行業做的都是急單，單子一來就找臨時工，卻不知道下一張單在哪裡，由此可見老闆的經營壓力有多大、員工的生涯有多不穩定！阿丁說，在這一行做了快兩年，最長的一份工作是半年，最短則是兩週。至於空窗期，平均三週至一個月。按照這樣算來，年薪並不會比服務生高出多少。遇到砍單或沒單，老闆簡單說一句就沒事了：

「歹勢，現在沒工作。」

## 不要長期從事

這些小工廠少有勞基法的概念，對員工呼之則來，揮之則去，並未認真計算資遣費給員工，能混就混過去，多數勞工朋友也不吭聲，下次才會被叫回去工作。沒拿到非志願離職單，這些人當然也無法去向政府領取失業補助，在他們身上根本感受不到所謂的「勞工權益」。被失業逾十次的阿丁也未曾領過，因此勒緊褲腰帶，省吃儉用，領了薪水就先存七成，以便度小月時還有錢可用。

上市的製造業或外商大廠，也有景氣循環，不過招牌大，守法多了。三四十年前，台灣人力便宜，外商紛紛來台設廠，有的每隔幾個月會遇到減單，裁一波作業員。當時景氣好，A工廠裁人，就到B工廠報到，永遠不缺工作，還樂得有資遣費可領。在人資界逾四十年的李益恭，有一次廠裡要裁五十人，他把大家召集起來說話之後，問大家有沒有問題，有一名員工調皮，舉手說有問題，然後說：

「我的問題是，三個月前被裁，我買了一條金項鍊；今天又被裁，很高興可以再買一條。」

原本應該哭成一團的場子，卻是各個笑得東倒西歪。領了資遣費，被裁員的年薪比留下來的還高，而且不怕沒工作，大家反而樂得被裁員，是這個年代的我們難以想像的情景。但是那個台灣錢淹腳目的年代已然遠去，大家必須認識到一個事實，景氣會循環，壞日子會來臨，經常性失業勢必為生涯帶來高風險、為個人與家庭帶來不安定，因此仍然要用盡洪荒之力，避免季節性或循環性失業。

當然，這些工作永遠需要有人來做，但是最好不要作為長期的工作，以免生涯波動不已。首先不要輕易跳進去，並且只能視為短期過渡性的工作，否則一眨眼，五年八年過去，再也跳不出來，無法轉換跑道。因此，過程中，務必做到以下三個設定：

### 1. 設定一個年紀

比如二十幾歲剛畢業，不具經驗，找不到其他工作，只得先屈身於這些產業的小工廠或小店家，但是三十歲後就別再做這一行。

2.設定一個時期

這類工作度小月可以，大約半年或一年，再多就會習慣，難以脫身。

3.設定一個新的求職目標

下班後，根據新目標職務需要的條件，再累都要學習新技能，提高個人的競爭力與職場價值，儘早轉移陣地，重起爐灶。

第2章

# 失業是怎麼發生的？

過程也許不同，受傷的情緒相同

「人抗拒的不是改變，而是被改變。」

——學習型組織之父、《第五項修煉》作者 彼得．聖吉（Peter M. Senge）

人們總是有一個愚蠢的想法，不想被改變任何事，卻想要獲得不一樣的結果。有關失業這件事，若是涉及個人，最大的原因應該是出在不願意被改變。當有的事情看起來完美極了，其實它已經開始腐壞，但是我們被過度成熟所散發出來的靡爛香氣給迷惑，沉醉其中，忽視警訊。

以企業裡常見的逼退來說，向來設計精巧、長期布局，本來是美意，想要在平和的狀況下好聚好散；不過手法細緻到當事人難以察覺，或是微微有感到不安，卻馬上自我安慰一切都是多想。到了最後，公司不得不醜態畢露，鬧得賓主失歡。也許一開始就察覺，做出改變，或能挽回局面，不致失業。

不論哪種情形，失業都是一個不折不扣的創傷，有些人許久無法回復，留下終身的陰影，或是失去至愛與家庭。這時候你需要時間，也需要專業協助，回到正常生活，不需因此失去自信。有人問奧運網球銀牌得主瑪麗亞．莎拉波娃（Maria Sharapova），如果要在任何地點放廣告看板，她想寫什麼，她回答：

「忠於自己。」

莎拉波娃是五座大滿貫女子單打冠軍，十一年長踞《富比世》雜誌評為收入最高女運動員。在網壇，輸球代表失敗，必須提早離開球場，但是莎拉波娃說，輸球才會看到贏球時看不到的東西，她會不斷提問，而不是假設已經知道答案，反而開啟了很多可能性，最終就能找到贏球的答案。

總會有輸球時，當險些要失去自己，莎拉波娃會拿出朋友送的生日卡片，上面寫道：

「河流讓人感到平靜，是因為河流不會迷惘，它知道自己該往哪裡去，它勇往直前。」

# 2-1 山雨欲來風滿樓，逼退手法百百種

企業裁人，逼退是一個常見的手法。有人說：「我走過最長的路，就是HR（人資）的套路。」其實不然，HR不過是執行死刑的劊子手，真正背後使眼色唆使「殺人」的是老闆。也有部門主管會用到逼退的方式，他們只能自己動手，還叫不動HR來做這件「髒事」。所以一般來說，HR是無辜的。

## 為什麼要用逼退的方式？

重點來了，好好講不行嗎，為什麼非要走到逼退這步田地，鬧得大家都下不了台，雙方都難堪到極點？原因簡單到只有兩個：

### 1.不想給錢

就是不想付資遣費，或是不想結算舊制退休金等。有的是企業經營困難，連付

薪水都難，遑論付資遣費；有的是企業沒有付資遣費的認知與習慣，認為勞基法過他的陽關道，我走我的獨木橋，帝力於我何有哉？有的是老闆吞不下這口怨氣，心想員工做得爛，憑什麼還要付錢請他走人？

## 2.不想開口

我們都聽過這句話：「請神容易，送神難」，尤其今天勞動權益高漲，多數人都會主張自己的權利，不輕易妥協，像是到勞動單位檢舉、投書媒體、到網路爆料、請議員出面斡旋、召開記者會等，沒有一件事是企業不怕的。再加上勞動單位的立場是向「弱勢」上班族傾斜，等於助陣演出小蝦米對抗大鯨魚的劇碼，企業必須做出各種舉證，障礙重重，使得送神一路並不好走。

像是打算辭退員工卻遭到反咬一口的情形，企業不僅百口莫辯，還越描越黑，跳到黃河也洗不清，有可能砸掉自己的招牌，划不來啊！於是有的企業就「走上歧途」，換成檯面下運作，想要殺人於無形，比如用盡各種手法逼退員工，讓員工自請離職，企業就可以順勢避開可能的爭議與風險。

## 逼退的手法有哪些？

逼退的手法不少，像是搬走空調，讓員工一邊工作一邊「烤肉」；或是爆員工的料，自導自演寫黑函給公司；或是不准午休、一天三次打卡；或是明明不加班做不完事，硬是規定準時打上班卡，但是不管下班卡……很多企業多年未有創新，卻在逼退上展現無與倫比的創造力。歸納起來，常見有以下的逼退方式：

### 1.閒死你

重新分配工作，把工作拿走，讓員工沒事做。說得好聽是要員工有時間多思考策略，但是凡有提議都被打回票說「再想想」。這對於有企圖心的人來說，是難以言喻的凌遲，也看不到未來，當然自動走人，不為難公司。

### 2.操死你

很多人是因為工作太多、工時太長而離職，問題是其他同事卻可以上班逛網拍，下班準時走人，所以重點不在於勞動過度，而是勞逸不均。既然能者多勞，為什麼公司寧願讓能者在多勞的情況下離職？這一點都不合邏輯，裡面就可能有鬼！也許是一種逼退手法，只是讓人自我感覺良好，以為「我有能力」罷了。

### 3. 冷死你

原來在核心圈內，負責重要職務，突然調離原本崗位，放到窗邊位置，成了日本人說的「窗邊族」，有會議不通知你、有案子不用你。即使窗外高溫三十八度，窗內依然結凍滴水，這個冷板凳根本坐不久。

### 4. 難死你

逼退的徵兆未必是冷凍不用你，而是反過來重用你，說要給你更大的挑戰，但是不給錢不給人，理由是要你跳脫框架，激發出無限潛能；或是說環境變了，把考核標準訂高，要求在短時間有高成長。一旦交不出成績，就以不適任為由，天天辱罵你，威脅你。時間久了，健康大受影響，能不走人嗎？

## 5.窮死你

過去你享有諸多福利，像是加班過了時間、拜訪客戶等公務，搭計程車報公帳；或是住家離公司遠，開車有停車場可停；或是業績達到目標，有優渥的獎金可拿……一夕之間全部撤了，一個月差上幾千元或幾萬元，荷包大幅縮水，偏偏才訂了新屋、買了新車，周轉不過來，怎麼辦？答案是只能換工作。

## 被逼退造成的身心創傷

喬喬是一名手做老師，專門到各家社福機構教導弱勢族群學習一技之長，像是手工皂、文創蠟燭等。她聰明能幹、熱心助人，收入比一般上班族高。她說：

「這一切要歸功於我二十六歲就被失業。」

讀大學時，喬喬是顆勁量電池，總是活力滿格，同時兼任幾個社團的幹部，辦活動很活躍，屬於風雲人物，因此跟校裡各個處室職員熟稔，畢業後就被留下來，在一個系辦公室做行政。做了三年，一直是系主任的得力助手，大小事都倚重喬喬，共事愉快，也很有成就感。

第四年就走樣了，這年是金融海嘯隔年，政府為了出手拯救大學畢業生一出校門就面臨失業的窘境，祭出22K貼補計畫，於是三十五歲未婚的主任用了三名新人。按照喬喬的說法，這三名新人每天穿著低胸上衣、熱褲或迷你裙，說話嗲聲嗲氣，很會撒嬌，電力強勁十倍，從此她大權旁落，不再被正眼瞧一下。

主任交代她帶好這三位新人，負責最後的檢查與修改，變成她一個人扛下四人份工作，經常加班到晚上十二點，還帶工作回家繼續做。這段時期，喬喬要負責五十位老師的排課與大小事，像是幫老師打字與印出考卷、與廠商議價、與各處室連絡等，另外還有一千五百名學生的選課、退課……

冷凍半年後，人事主任說喬喬的考績被打最差、遲到早退嚴重，要她直接辭職，而事實是喬喬沒有一天是遲到早退，可是人事主任一退六二五，指稱這些都是主任要辭掉她的理由。於是喬喬去見主任說明，但是連續三星期都見不著，主任都等到喬喬外出辦事，才踏進辦公室，存心不想跟她談。

其他老師見狀，提醒她做事別一板一眼，而是要睜一隻眼閉一隻眼。對此，喬喬的結論只有一個：

「我不是因為不認真被解雇，而是太認真被解雇。」

## 山雨欲來的五個嘴臉

對於一個剛畢業三年多的年輕人來說，從受寵到失寵，從高峰跌落谷底，不僅天差地別，還落個被辭退的下場，任誰都難以招架。本來個性活潑開朗、做事積極認真的喬喬變了，經常一個人傻傻坐上一整天，眼淚失控地趴躂趴躂掉，後來才得知這可能是憂鬱症的前兆。不僅沒法睡覺，還開始喝酒，足足有兩個月。

這時候喬喬的父親心臟病復發住院，讓她不得不打起精神照顧父親，散去的七魄三魂才得以歸位。不久，喬喬的健康也出了狀況，進了醫院，開刀把子宮拿掉。經歷三番兩次的劇變，喬喬反而堅強起來，去讀了心理研究所，再把事情思前想後一遍，決定不為別人的錯誤懲罰自己。

從此陰霾散去，陽光露臉，喬喬重新找回自己，不再被年輕時的失業經驗給綁架。從喬喬的例子看來，會發現不同的老闆或主管在逼退時，態度截然不同。只要注意到老闆或主管的態度變了，並且出現以下五種反應，請提高警覺：

1. 天天狂飆怒罵。

2.不時冷嘲熱諷。
3.長期避不見面。
4.說話特別客氣。
5.有針對性地帶風向。

很顯然，喬喬的系主任是屬於長期避不見面，而且借刀殺人這類型的主管；比起以為可以把人罵跑的老闆主管，顯然道高一尺，不落人口實，做到全身而退。最魔高一丈的老闆主管是過去不苟言笑、難以親近，現在卻會主動點頭打招呼，一方面減少他自己的罪惡感，另一方面降低辭退之後員工的反彈，再聰明不過了。

不過長期來說，逼退一點都不聰明，反而是最笨的做法。員工的心是雪亮的，這些逼退看在眼裡，寒在心裡，有了好機會就會辭職他去，留不住好人才，公司的競爭力便會逐日降低。所以辭掉員工，還是要顧到合情合理合法才是。

# 2-2 高手過招，只在一念之間

我寫過一篇文章，談到「年薪千萬總經理，也會委屈想離職」，不只網路上瘋傳，還有很多人留言說「給我年薪千萬，我再委屈都不會離職」。很多人看高階都是這樣的，戴著粉紅色鏡片，以為他們有權力、有高薪，出門前呼後擁，喝進口紅酒，吃三星米其林，多美好啊！何必跟錢過不去，不是嗎？

不要說一般人這麼想，連睡在身邊二十年的伴侶也這麼想。我的朋友Wen本來在一家兩百人公司做到一人之下、萬人之上的高階主管，好不威風！後來公司要轉型，倍增業績，先挖來一個人，再把她辭了。照理說，像這種高階被失業前的黑影幢幢，Wen應該比任何人都心知肚明，事實不然。

一年半之後，輪到她先生從一家上市企業的子公司辭掉總經理，說是要去創業，這時Wen有如得了失憶症，忘記自己也失業過，完全無法接受先生也會失業。

## 高階主管突然離職，不少是被逼退

事前毫無風聲，突然間辭了，當然有蹊蹺。可是不論Wen怎麼旁敲側擊，先生就是鐵了心，硬是不迸出一個字來。問不到一個理由，Wen就瞎猜說：

「一定是脾氣壞，老闆受不了他，才會沒了工作。」

「未必吧，也許他也受了很多委屈，是你不知道的。」

「那就忍啊！哪有工作不委屈，不工作你會更委屈，不就是你寫的書名嗎？」

你看，連本身被失業過的高階主管都先入為主至此，執意認為吞下委屈就可以換來海闊天空，更甭說沒失業過的人難以理解高階離職還有其他原因。像Wen的先生位居總經理，包括產業生態劇變、董事會意見不一、公司經營方向轉彎、丟掉大客戶或重要市場等，都有可能因此與老闆理念不合，不得不求去。

一般來說，辭掉普通員工容易一些，辭掉高階主管就非同小可，上櫃上市公司得要報請政府，並且公告才行，甚至有的必須召開記者會說明。高階主管是動見觀瞻的人物，他們的異動會影響股價波動，事關企業股東與社會大眾的權益，當然必須謹慎為之。至於中小型公司的高階主管，在人事處理上也是小心翼翼。

主要原因是能夠當上高階主管，在業界一定享有相當的地位與分量，人脈綿延，手裡握著足以撼動公司根基的大客戶。要請這些大咖走路，是傷透腦筋的事，不容易呀！地球是圓的，公司這一方都希望好聚好散，日後江湖再見。所以在事前的鋪陳很長，方方面面顧及，而且不能走漏一丁點風聲。

## 老闆很少出面親自處理

這樣的布局曠日廢時，一旦時間到了，再想翻盤就難了，非走人不可。這也使得高階的異動都顯得突如其來，說走就走，讓人錯愕不已。像Wen的先生離職也是，明眼人一看就知道是逼退的結果，絕不是他先生受得住委屈，或脾氣好，或去求老闆，就能夠力挽狂瀾，扭轉局勢。

至於她先生為什麼不跟她說明理由，原因只有一個，說不出口！能夠打拚到這個位子，必須從小認真讀書、考上好學校、出國留學，回來之後兢兢業業二十年，自信心多高呀、自尊心多強呀，要從他嘴裡吐出「我被失業了」，比天下紅雨還難！公司當然也給了他另一個對外的說辭，比如「退休」就好聽多了，但是他心裡明白還不到退休的年紀，是要騙誰呢？這個理由自然說不出口。

所以要處理高階離職，也未必每個人資主管都做得來。艾小姐不一樣，除了在人資界多年，還有很強的人格特質，讓老闆每次要辭掉高階，務必請出這位「大內高手」。她的個性成熟穩重、做事周詳細膩、嘴巴牢靠不八卦，不論到哪家公司都能夠贏得人心，上上下下信賴她，因此棘手的事由她來圓了最是輕巧。

有一天艾小姐在台北上班，老闆突然從北京打電話來，問她週末有沒有安排，要她來北京一趟，還跟她開玩笑地說：

「你就當員工旅遊，我和幾個高管吃飯，你買單。」

艾小姐當下心裡有數，一定有事！當她到了北京，老闆竟然早一步飛武漢，艾小姐太熟悉這位第二代，更加心裡明白，連老闆都要避開，事情一定大條。果不其然，在北京的顧問一見到她，像看到救兵，便打開天窗說亮話：

「你這次來的任務，是把總經理換掉。」

## 一堆人幫忙跑龍套

隔天在飯店一邊吃早餐，一邊跟即將赴任的新總經理談好薪資福利的package。雙方無異議之後，下一步即是裁掉舊總經理。

由於舊總經理的脾氣是有名的又急又直，大家花了一個下午沙盤推演。一轉眼來到晚上的飯局時間，舊總經理沒有感受到山雨欲來風滿樓的詭異氣氛，見了艾小姐還開心地說：

「你怎麼來啦？」

「我來蹭飯吃的。」

「呵呵……這更熱鬧了，歡迎，歡迎。」

席中包含新舊兩位總經理，他們原來就是舊識。名酒佳釀，杯觥交錯，沒有人提到這是餞別的一餐，各就各位，各唱各的戲，倒也歡暢盡興。隔天這群人再一起搭機到武漢，聽取舊總經理做簡報，大家仍然行禮如儀，沒有人提到這是在做工作交接。後來其他人各自找理由，說有事要留在武漢，只有舊總經理必須飛回北京上班，也沒有人提到留下來的目的是要和老闆開會，商議新局面。

這時候，大家跟艾小姐使眼色，艾小姐轉頭問舊總經理，她第一次來，想在星巴克買一個印有武漢的馬克杯，能不能帶她去買。舊總經理這下子可能意會過來了，回說：「哥帶你去喝咖啡。」以下是他們後來在星巴克的對話：

「你老婆對你在大陸的感覺如何？」

「很難做，也沒預算。我有多次跟老闆提離職，他都沒答應。」

「你一提再提，提了三次，老闆是會傷心的。」

## 高階最需要的是被尊重

接著艾小姐順勢說下去，老闆這次終於答應了。舊總經理反問，她是因為這件事才來的嗎？艾小姐坦白以告：

「我是落地才知道。」

「辛苦你跑這一趟。」

到機場的路上，舊總經理發微信給艾小姐說緣分已盡，但是如果不是她來處理，他不會跟老闆分手得這麼平和。此時留在武漢的其他人問艾小姐要不要一起去吃飯，艾小姐都婉拒了，沒那個心情。後來由於舊總經理手上握有公司的存摺與印章，老闆派一名小會計去接收，惹得舊總經理感到不受尊重而暴氣，再度勞駕艾小姐親自出馬，收拾攤子。

艾小姐說，請走高階主管的過程非常棘手，事前必須機關算盡，做最壞打算，抓清楚對於公司造成的影響有多大，並且不斷進行沙盤推演，做好事先的布局，提出B計畫應變。不過真要動手了，艾小姐認為最重要的仍然是給予尊重，而不是耍花招、編謊話。最後她由衷發出感慨，做了一個總結：

「這人曾經是戰友，不是路人甲。」

## 這已經是政治問題

在西方社會，高階主管不僅是肥貓，薪水是一般職員的幾十幾百倍；更令人羨慕的是當他們離職時，握有「黃金降落傘」，能夠拿一筆巨額的安置補償費用，有的高達數千萬美元，這也是為什麼購併時的收購金額屢創新高的原因。

在台灣呢？黃金降落傘不那麼普遍盛行，金額也無法相提並論。不過對於高階主管或掌握公司機密的人，公司都會再多給錢，算是「封口費」。除了錢要給夠外，也要給足面子，做到無可挑剔、沒話好說。

一位人資主管說，高階主管的離職已經不是法律問題而已，人資部門無從介入，而是升級為——

「屬於政治層次，複雜而細膩。」

公司該做的都做了，高階主管離職後就算找不到工作，過幾年好日子並不難。

這就是為什麼被資遣之後，只聽過一般員工上街頭抗議，少有聽到高階主管把事情鬧得沸沸揚揚。畢竟是高階主管，都是有遠見的人，眼睛只往前看，若是敲鑼打鼓說自己被辭了，對於身價只有減分，因此他們對於被逼退多半會選擇三緘其口，這也造成一般人有個錯覺，以為高階主管可以高枕無憂萬年。

# 2-3 要員工走路，老闆說了算？

我們都以為，被失業一定是有原因。尤其沒失業過的人都會這麼想，一定是工作不努力、態度不佳，或是做不出成績……這些都有可能。但是不少時候，原因根本是莫名其妙，套一句俗話說：「怎麼死的都不知道。」假使知道死因，恐怕會從墳墓裡跳出來，因為死不瞑目，無法安息，就像這位「鯊魚夾大媽」。

有一家一百人公司占了三個樓層，其中一位四十五歲女員工因為公務需要，每天都要來到最上面一層樓。那是老闆辦公的地方，老闆每天都會看到她，而每次都會翻白眼，還跟人資主管說：

「給她調個工作，別讓她再出現。」

## 不順眼就要員工滾蛋

這名員工哪裡知道自己早就不知不覺被鎖定，還每天照例出沒。直到有一天，老闆終於忍無可忍，把人資主管叫來下最後通牒：

「這個鯊魚夾大媽今天不消失，明天就是你消失。」

這名員工到底惹到老闆什麼，注意到老闆的關鍵字了嗎？居然是頭髮上的那個鯊魚夾！是不是匪夷所思？後來我跟一位心理師提到這個例子，他相當專業地反問我：

「這位老闆在過去的成長過程中，是不是有哪位女性讓他感到受創，而她也是用鯊魚夾？」

喔，喔，原來如此。這的確是有學理根據，我們之所以討厭某些人，其實不見得他們本身有問題，而是他們在長相或行為上跟過去我們討厭的人相似，使得我們產生移情作用，殃及無辜。所以這樁被消失事件，未必是鯊魚夾大媽不對。可見得在職場，小則被老闆嫌惡，大則被公司失業，未必錯在自己，而且恐怕連老闆也說不清楚真正的原因，因為那些他討厭的女性早早已經躲到潛意識裡，而難以察覺。

不少老闆或主管都是這類「性情中人」，興之所至要開鍘誰誰誰，完全違反勞基法，很容易反過來被勞動局開鍘，這自然成了人資的挑戰，怎麼讓違法的被失業合法化？

## 勞基法有嚴格規定

有一名人資主管在臉書上寫了一篇他的日常，提到在他們公司，升遷有所謂三人小組，全是副總級，必須三位都同意才升得了。可是其中一位副總日前很生氣一名員工，二話不說就批了解雇，對方得立馬打包滾蛋。這位人資說：

「升一個人要動員三位副總討論再三，裁一個人只要一位副總動動兩片嘴皮子。」

但是這樣裁員是不合法的，這位人資主管勢必得忙到人仰馬翻，為什麼？在《勞基法》中，不論裁員或資遣都有嚴格條件。比如第十一條講的是資遣，必須具有以下情事之一者，否則雇主不得預告勞工終止勞動契約：

1. 歇業或轉讓時。
2. 虧損或業務緊縮時。
3. 不可抗力暫停工作在一個月以上時。
4. 業務性質變更，有減少勞工之必要，又無適當工作可供安置時。
5. 勞工對於所擔任之工作確不能勝任時。

是否符合以上這些條件，口說無憑，不僅必須是事實，還要舉證才行，並且經得起驗證。第一至第三項如歇業或轉讓，或是虧損或業務緊縮，或是不可抗力暫停工作在一個月以上，都是不容置疑的事實，舉證容易，可以提出財務報表來支持。至於第四與第五項就困難多多，有一段流程要走，無法「殺人不眨眼」，不能今天跟員工提，明天就要員工走，必須事前磨刀一陣子才能夠祭出這兩條。

通常，當人資接到老闆或主管的資遣名單之後，都有一定的流程要進行，像是先要跟員工談話，告訴對方公司對他的評價、哪裡需要改善，而公司願意給一段時間讓他改善，比如三個月之後要改善到哪個地步，也就是設一個目標，有具體數值，像是製造不良率必須降到三％以下，或者月業績做到三十萬元等。

假使這名員工是因為能力不足、經驗不夠，公司還必須提供培訓計畫，讓員工有時間精進；或是安排轉調到更合適他從事的部門。這一切該做的都做了，「仁至義盡」、無可挑剔之後，等到改善的截止時間，再來做成果的檢驗。員工若是達標，公司就不能資遣；若是未達標，而且態度不佳，公司在評估之後，確定不留人，才可以辦理資遣。

## 開除員工更難

因此資遣一名員工，不如想像中的容易。當然，能夠做到這樣一絲不苟，還是大企業居多，特別是上市上櫃企業。一般中小型公司沒這麼嚴謹與周全，勞工權益比較不具保障性。偏偏台灣的中小型公司占九七％，勞工占了近八成，散見在網路上的勞資爭議，多半是規模小、勞工以藍領或灰領為主的公司。

至於開除，講白了，指的是不付資遣費請員工走路，所要具備的條件更嚴苛。這部分要看《勞基法》第十二條，勞工有以下情形之一者，雇主得不經預告終止契約：

一、於訂立勞動契約時為虛偽意思表示，使雇主誤信而有受損害之虞者。

二、對於雇主、雇主家屬、雇主代理人或其他共同工作之勞工，實施暴行或有重大侮辱之行為者。

三、受有期徒刑以上刑之宣告確定，而未諭知緩刑或未准易科罰金者。

四、違反勞動契約或工作規則，情節重大者。

五、故意損耗機器、工具、原料、產品，或其他雇主所有物品，或故意洩漏雇主技術上、營業上之祕密，致雇主受有損害者。

六、無正當理由繼續曠工三日，或一個月內曠工達六日者。

雇主依前項第一款、第二款及第四款至第六款規定終止契約者，應自知悉其情形之日起，三十日內為之。

簡單說，資遣原因多半是公司出了問題，開除則是員工本身犯了嚴重過失，更需要證據確鑿，不容有任何造假。不過即使是錯在員工，大企業還是會訴諸溫情主義，儘量讓對方感受到被理解、被關懷，目的是避免激怒對方。因為任誰丟了工作，又拿不到一毛錢，情緒總是難以平穩，必須小心處理才是。

## 真心對待每名員工

現在勞工權益高漲，申訴管道也多，人資都小心翼翼，期待一切風平浪靜。最怕員工事後在網路上爆料，鬧上媒體渲染成波，滾出雪球般的大風暴，重創公司的「徵才品牌」。日後要洗白品牌更要花上數倍的時間與力氣，人資主管還可能因此黑掉，最後變成自己要捲鋪蓋走路。一位人資主管在受訪時說：

「我們最怕公親變事主。」

人資部負責考勤、考績、薪資核定，以及資遣、裁員等事情，一個不小心就會成為萬箭穿心的箭靶，很少員工真正去了解他們的處境有多難為。每次遇到資遣，有經驗的人資會加派保全人員，避免跳樓的不幸，或是設備上的破壞。一位人資告訴我，任職的公司在基隆河畔，他老是失眠，因為──「夢到有員工跳河。」

在這個時刻，人資有很多技巧可以使用，然而最重要的是不要陷入「誰對或誰錯的無限迴圈」裡繞不出來，按照SOP速戰速決。不過我訪問過的人資都說，真心很重要，員工都會感受到。像是通常人資會開兩張證明，一張是非自願離職證明，讓員工得以請領失業補助；另一張是離職證明，不寫說理由是資遣或開除，方便員工之後順利求職。

不論資遣、裁員或開除，人資主管普遍認為，最高原則是站在員工的立場，關心他，協助他。歸納起來，他們共同認為以下這五件事對員工最實用：

1. 算對錢，協助他拿到應得的薪資、資遣費。
2. 了解他，協助解決他可能發生的問題。
3. 指導他，協助他拿到政府的失業救助。
4. 輔導他，協助他找到下一份工作。
5. 留電話，協助他離職後的各項相關服務。

# 2-4 痛苦無人懂，但壓爛的三明治何必吃！

先不談被失業（像是資遣或裁員），即使是主動離職，只要待業一段時間，沒來得及趕緊找到工作，很多人的天就塌下來，恐慌到不行。有人還會覺得這輩子就此完蛋，不斷自我否定、自我懷疑，光是這種心情就足以把一個成年人給擊垮。

從失業後的落寞與沮喪，看得出工作對一個人的重要性，不僅是獲取經濟的來源，也能證明自己的能力與價值、與社會連結，以及擁有身分與地位。

在網路上，不時看到有人說自己失業在家，感到無聊、茫然，問大家怎麼辦？我曾經看到有人回應，他自己也失業過，嚴重到自殺，後來看到一道白光，不過是手術房的白光，也就是去鬼門關走了一趟，命給撿回來。這個人事後回想起來，覺得這個行為很不智，哪裡需要為一時的失業丟了性命，太不值得！

## 這個痛苦，別人很難懂

一直有工作的人，很難想像失業會造成這麼大的心理創傷。據心理學家說，失業帶來的痛苦程度，和失去親人或離婚是一樣的。看電視新聞時，有時會聽到一個名詞：「痛苦指數」（Misery Index），它指的是一個社會的失業率與通貨膨脹的加總，這個指數多次左右美國總統大選的選情。你看，失業的痛苦還真不是一般，會影響身體與心理健康，甚至帶來永不可磨滅的創傷。

由於要寫這本書，我在自己的臉書粉專徵求願意接受採訪的被失業案例，老實說，我本來沒有抱著太大的期望，因為這不是一件容易啟齒的事，更何況要寫到書裡給大家看。可是消息一披露，當天咚咚咚一直有人敲門進來，我被這出乎預料的踴躍給嚇到。採訪能順利，案例能豐富，當然求之不得，不過同時我也好奇為什麼這些人願意坦露他們失業的故事。

在一一聽完他們敘述之後，我明白了，這個痛苦太刻骨銘心，而更大的痛苦是無人訴說、沒人能懂。我之所以說刻骨銘心，是因為失業即使已經過去五年、十年、十五年……他們在描述時鉅細靡遺，包括當時的人事時地物等，往事歷歷，彷佛在眼前重演一遍。這絕對不是記性好所致，而是痛苦到沒齒難忘。

阿志是清大畢業，到過瑞士讀書，在杜拜做過事，回來台灣之後，在一家外商物流業任職。週一至週五從早上八點上班到晚上八點，步調之緊張，完全不得喘息；週六還得自動到公司上班，沒有加班費。做了四年存了二百萬元，根本沒時間花錢。

## 像沙漏，快漏沒了……

二〇〇八年金融風暴，貨量大減，航空公司刪減班機，公司的營運成本提高，獲利減少，大動作陸續裁員，讓二十幾歲的阿志不禁提高警覺。至於留下來的同事，工作增加、工時拉長，有人罹患癌症，像空運出口經理得了胰臟癌，其他還有人得了躁鬱症、甲狀腺亢進，而自己也經常忙到過了吃飯時間，阿志問自己：

「這是我要的人生嗎？」

雖然他已經做到主任，三十三歲那一年還是決定離職，拚國家考試，去國營事業上班，或是當公務員。前面一兩個月，阿志在圖書館讀書，鬥志高昂；到了第三個月，恐慌慢慢爬上心頭，環顧周遭的年輕人，開始自我懷疑：

「原來上班好好的，我為什麼犯賤，來考這種機率很低的考試？」

「這個年紀，在公司應該有一定的位子，我居然在重來？」

回到家，只要父母多問一句，阿志就不耐煩地頂回去，心想你們是在嫌我吃閒飯嗎？也覺得兄姊看不起他，更不跟同學朋友連絡，把MSN拔掉，連固定星期一三五的打球聚會也不去了……最後完全封閉起來。阿志形容，當時的自己有如沙漏一般，每天看著一點一滴快漏沒了，情緒滿到極點，無法呼吸，整個人就要爆炸開來。

還未撐到考試，阿志就忍不住開始找工作，卻因為失去自信，出現病急亂投醫的心態，只要用得到英文的都投，連在補習班教英文都去應徵。後來在網路上查詢，知道自己可能得了憂鬱症，可是他覺得丟臉，沒去看醫生。還好第一年就考上國營事業，反觀女友還在物流業，內分泌失調、罹患紅斑性狼瘡，他說：

「我的薪水是她的一半，買不起房子，跟父母住，但是換工作很值得！」

阿志是主動離職，時間都花在準備考試，有重心與追尋，情況算是好的。被失業則是另一回事，受創的程度自然嚴重許多。我跟心理師吳浩平學過「家族排列系統」，他說，家族裡有一種愛的創傷是被遺棄（或送人領養），被切斷與家人在愛上面的連結，失去存在的價值。被失業也是，不同的是在職場上被遺棄。

## 屋漏偏逢連夜雨

貝貝在中部一家工廠做行政五年，薪水從二萬三千元調升至二萬六千元，即使如此微薄，她仍然兢兢業業。不幸的是後來先生罹癌，她必須在工廠、醫院與家裡三頭奔波，疲累不堪。有一次冬天下大雨，從工廠騎車到醫院，全身淋成落湯雞，想要洗個熱水澡，哪裡知道過了時間，醫院不供應熱水，打開水龍頭後只得洗冷水。那一刻，貝貝整個人大為崩潰，她倒在浴室，一邊哭泣一邊咬著毛巾哭到睡著……

之後由於工廠經營不善，老闆打算把公司遷到鄉下節省成本，希望中年員工自動離職，就指稱貝貝經常請假，心不在公司，工作不力，表現不佳。欲加之罪，何患無辭？貝貝在巨大的壓力逼迫之下，順了老闆的意思，遞上辭呈走人。

三十七歲，不具一技之長，求職到處碰壁，不由得自慚形穢，也就不挑工作了。誰用她就去做，問題是產業差異太大，適應不來，沒法進入狀況，很快又辭了。不斷換工作，貝貝感到失志、鬱卒，最後得了憂鬱症，經常一個人坐著掉眼淚，晚上睡不著覺，還出現自殘的行為。

她不得不全部放下，休息一年，這時才知道母親年輕時也得過憂鬱症，當年全靠參加各種成長講座，走過這段心理黑暗期。由於是過來人，母親完全了解貝貝情緒波動的狀況，一路陪同與談心，加上固定吃藥，貝貝的情況才逐漸穩定下來。

在失業前，貝貝是一個軟厤糬，任何事都以別人為優先，人際之間缺少界線，也沒有主見，在職場上容易被欺負。貝貝回想起來，當時之所以得憂鬱症，除了先生罹癌、自己失業，還有一個主要原因是她不知道自己有什麼、人生要什麼，失去生命的意義。現在不一樣，貝貝也想做斜槓，走園藝治療這條路。

## 隔夜的三明治

有一次讀到有人形容失業是被壓扁的沙拉三明治，覺得再傳神不過了。上學時，你有買過沙拉三明治放在書包裡，忘記拿出來吃嗎？隔天看到它的第一眼，是不是有一種慘不忍睹、全都毀了的感覺？三明治整個變形，沙拉流得到處都是，土司發黃，泛出一股酸味……失業太久，不論是身體或心理也會走樣至此。

一旦失業，很多人會有以下這些感受，它們都是正常的，你一點都不孤單！

1.失去被愛感：先是被職場遺棄，後來感覺是被全世界遺棄。

2.失去人際連結：不想碰到任何熟人，與任何人再也無法有連結點，有很深的孤獨感、自認沒人了解自己。

3.失去耐挫力：對任何人說的每句話都高度敏感，懷疑話中有話，產生自我防衛，一定要頂回去。

4.失去自信心：每個人看起來都好厲害，只有自己很差勁、很無能，沒有一點比得上別人。

5.失去價值感：突然忘記自己是有價值、有專長，不斷降低挑選工作的標準，任可工作都是天大的恩賜。

三明治放隔夜，你會把它吃了嗎？不會！你會把它丟了，再去買一個新的三明治。失業之後也一樣，把失業丟了，不必為它所困，提起腳來邁開步伐，唯一要做的是努力求職，儘快找到新的工作，跟吃當天現做的三明治是一樣的。

## 2-5 「爸爸要失業了，怎麼辦？」

失業，不是一個人的事，而是一家人的事。

即使是二十幾歲、三十幾歲的未婚子女，一旦失業，愁雲慘霧的不只他自己，還包括他的父母。有的父母不置一詞，默默關心但也默默憂心；有的父母在強忍一陣子之後，開始用激將法，以為不斷責罵或冷嘲熱諷，會逼得孩子積極一點，很快找到工作。這會帶來什麼結果？整個家雞犬不寧，失去融洽。

更甭說已婚的人失業了……有一家國營事業的工廠即將被買走，廠長的女兒在網路Dcard吐露心聲：「我爸爸下週就要失業了，怎麼辦？」引起熱烈討論，好幾位大學生跳出來說，他爸爸曾經或目前失業，比如：

「我能體會你的感受。我爸爸去年也為了工廠的事，常常半夜睡不著，一個人坐在客廳發呆。這是媽媽告訴我的，聽了很心疼。」

「我也是看著爸爸收掉公司，由以前風光的總經理，變成現在不靠鎮靜劑、安眠藥就無法入眠……但至少家人都在身邊，是最值得慶幸的事！」

「我爸爸是裝潢師傅，每到年節前沒有人要動工，就開始失業，長達兩三個月沒有收入。看著爸爸憔悴懊惱的樣子，真的很難過。唉，爸媽養育我們長大真的很辛苦，多抱抱爸爸，多跟他說話吧！」

## 失業會升高離婚率

父親通常是家裡的主要收入來源，當這根大柱子傾斜或折斷，家裡包括經濟與生活都會陷入不穩定，像是導致酗酒、家暴、離婚等後遺症，影響到整個社會的安定，這就是為什麼政府很重視失業率的原因，它也是測量一個國家幸福與否的重要指標。

台大經濟系在二〇一五年出版一本論文《失業對離婚的影響》，採用的是政府各項行政的資料合併來統計，近十萬個樣本做研究，發現在所有失業中，公司工廠關閉造成的失業，最具有「非預期性所得變動」性質的外生性失業（相對於自發性失業）。並以此外生性失業來估計失業對離婚的影響，得到以下重要結論：

1.丈夫失業會導致離婚的機率提高約八・五〇%至九・二三%。

2.失業的狀態超過一年，以及失業之後的三年內，這段期間對離婚的影響尤其強烈。

3.丈夫失業時的年齡越高、教育程度較低，以及收入較低的家庭，失業對婚姻的衝擊越為強烈，越有可能導致離婚。

為什麼會這樣？這要回溯到一般人之所以結婚，其一是滿足經濟需求；一旦丈夫失業，這個預期利益無法達成，會比較容易走上離婚一途。

像是前面提到在頂尖大學化工研究所畢業的國定，四十三歲被失業後，一年半都找不到工作，已經可以被歸類為「長期失業」。他的太太在他失業半年，就提出離婚。這時他們剛結婚滿一年，還在新婚燕爾的階段，小十歲的妻子便直言對他沒感覺了，讓國定同時遭受失業與失婚雙重打擊，就是一例。

## 失業會影響孩子的成長

我採訪的另一個案例冠宇，雖然還不到離婚階段，但是夫妻感情已經降至冰點。沒失業前，冠宇從奇美轉職到台積電，後來被外派到大陸擔任研發主管，公司大、職位高、薪水優，也算是呼風喚雨，不可一世。妻子小他八歲，是大陸一家龍頭企業的公關主管，兩人結婚時，郎才女貌，羨煞不少人。

一切看來晴空萬里，太太覺得冠宇這座靠山再穩妥不過，大膽把工作辭了，在家相夫教子。經過七年無風無雨的日子，公司從台商轉變為港資，最後完全陸資，實施人才在地化。等到冠宇的階段性任務結束，就指他研發不出新東西，把他辭了，這時候冠宇四十四歲。回台灣後，冠宇發現跟台灣的產業斷了連繫，再也回不去了。

此時家中情勢大為翻轉，變成太太必須外出工作，留他在家照顧孩子。太太當然失望透頂，原來以為嫁的是金龜婿，從此過著少奶奶的生活，哪裡知道居然還要在外四處奔波討生活，張羅一家大小的開支，心理上完全適應不來，不僅怨氣沖天，也會譏刺冠宇。還好兩人歲數相差不小，冠宇也自覺理虧，再三退讓，他說：

「工作沒了，總不能連家也沒了。」

其他文獻更進一步指出，失業也會影響到小孩。現代人求職，履歷上只要出現空窗期，烙下失業過的印記，都會成為洗不掉的髒點，殃及後面一連串的求職，致使再度失業的機率大增。一個人經年累月處於這樣的境遇，難免要鬱卒，接著可能酗酒、家暴，甚至自殺，破壞家庭的和諧。孩子的成長也將受到牽連，研究指出會造成學業表現低落，甚至留下性格發展的陰影。

## 過度責任感釀成悲劇

失業之後，再也唱不了〈甜蜜的家庭〉。在媒體上，不時會看到這類社會新聞，像是長期失業者被哥哥責罵在家吃閒飯，是個沒用的人，一氣之下把哥哥殺了；或是跟父親要錢買菸，不僅被拒絕，還被唸兩句，受不了就燒炭……可見得失業不是一個人的事，而是全家人的事。

但是，很多責任感重的男性不這麼想。在PTT論壇，有一名單親家庭的女大學生說，父親含辛茹苦撫養他們兄妹三人，逾五十歲時被失業，全家頓失經濟依靠。女大生把打工存的五千元拿給父親，父親不僅把錢推回去，還從口袋掏出僅剩的數千元給她說：

「不要再打工，好好讀書，就是最好的孝順。」

父親認為養家是他的責任，讓孩子操心家庭經濟是他失職。但是人生無常，當家裡發生變故，父親卻不讓她有機會表達這份孝心，她問版友：

「難道我不是家裡的一分子嗎？」

韓國更是一個男性當家的國家，首爾市有個父親失業後，用房子貸款約合台幣一千四百萬元，每月固定不變地給家裡十一萬元生活費，每天依舊西裝筆挺地出門，到租的學生雅房「上班」，歷時一年，全家沒人知道他失業。

由於四處求職碰壁，加上要補足財務缺口，他只得冒險做投資，結果大賠八百五十萬元，缺口再度擴大。這位父親自覺還不起，也不想妻兒辛苦還債，先把他們都殺了之後再自殺。

看完這條新聞，換作你是家人，應該會很生氣，有一種被背叛的感覺，明明是一家人，怎麼只有父親要孤獨去承擔所有的痛苦與責任，不禁想要問：

「為什麼不告訴我們？」

## 家人的團結，就看此刻

因此面對失業時，必須重新調整認知與心態，建立以下三個正確的觀念：

**1.改變你的認知：這不是你的錯**

失業是很正常且普遍的事，很多時候和個人是否努力無關，而且求職也不是一件容易的事，尤其中年以後。

**2.改變你的態度：這是全家人的事**

不論丈夫或妻子，只要是家庭經濟支柱失業了，就不是一個人的事，而是家裡每個人的事，所以請讓家人參與意見，人人盡一份綿薄之力，失業的窘困會緩解不少。

**3.改變你的家人：每個人都要做出改變**

失業是大事，全家的生活水準會降低、作息習慣會改變，人人都要走出舒適窩，能屈能伸，重新適應，顯示出強大的生命彈性。

二〇一七年的大年初一，飛碟電台開機女王阿娥與知名主持人納豆同一時間被辭了。每天清晨六點準時開機，五年來從未請假，兢兢業業的阿娥失業後，沒有隱瞞消息，反而是在第一時間周告親友。而她的女兒第一個反應是去找份打工，接著拿出從小存的零用錢，支援全家趁著難得空檔到加拿大旅遊。阿娥甚感欣慰地說，父母失業換來孩子對家庭的責任感，這是多麼有價值的一堂課。

「我失去工作，卻贏得家庭與親情。」

家人，永遠和你站在同一陣線上。若是有福同享，有難你一個人當，並不是一家人。遇到困難時，這是一個寶貴的機會，讓家人成長與團結。相信他們也有力量伸出援手，和你一起度過，這才是一家人，而家的意義就在這一刻展現，不是嗎？

第3章

# 新工作會在哪裡？

——未來充滿挑戰，要做好心理建設

「在兩座高峰之間必有低谷。
你在低谷怎麼自處，決定你可以多快爬到下一座高峰。」
——《峰與谷》，作者為史賓賽．強森博士（Spencer Johnson, M.D.）

有時候沒有順心如意，反而是一種救贖。它可能並不合適你，假使勉強了，反而耽誤一生。所以求職不斷失敗，只不過是在往成功的道路上奔去。成功的反義詞不是失敗，而是不行動。對於行動的人，上天給的最大獎勵，不是馬上給一份工作，而是一路幫助你不斷自我探索，避免再度迷失於不合適的工作中。

生命從來不會問我們要什麼，而是直接給選項，我們只能用刪除法，通過種種試煉，才走得到甘泉之地。這些試煉，包括過去是工作來找自己，現在是自己去求工作，卻比想像中一位難求；或是在中國大陸的經驗，回台後不適用；或是薪水或職位都在向下流動，甚至自動減薪了、降職了，還找不到工作……

這個低谷不是V型，而是U型，必須打底一陣子；而且年紀越大，打底時間越長。唯有能量累積到一個突破點，才可以往上走，邁向下一個山頭。這時你每天都在堅持與放棄中匍匐前進，遍體鱗傷，生不如死。但是請永遠記得，所謂失敗是成功之前的放棄。

美國知名主廚與電視主持人莎敏．納斯瑞特（Samin Nosrat）經歷過多次失敗，包括結束餐廳，最後被《紐約時報》譽為「結合精湛技巧與最佳食材的活字典」，她說，結束不一定代表失敗，相反的，每次都讓她

——

「距離想做的事更近一點。」

# 3-1

# 求職道阻且長，比想像中更難

「老師，我太晚見到您了。」

每次演講或上課之後，總是有中年人趨前來跟我說相見恨晚，為什麼？因為他們都辭職了，卻始終找不到工作，不明白哪個環節出了問題，直到聽了我的課或演講，像被雷打到一樣，整個人醒了。

## 不要輕易挑戰離職

「以前不是這樣的，工作很好找，而且都自己找上門，還可以挑三揀四。現在怎麼會差這麼多？」

年輕時，工作三四年、五六年，技能培養出來，經驗累積夠了，而且有活力、有創意，還肯做肯學，能夠配合加班，彈性與適應力都好，到哪裡都有企業要用。一眨眼過了四十歲，就像一盤好菜放了一晚，發餿了，不吃了，就整盤倒掉，很少企業會想錄用四十歲以上的「新人」，除非真的找不到人，或是有特殊需求。

有些中年人找不到工作，來請我幫忙看履歷自傳，當然他們的履歷自傳十個有八個都有嚴重的策略問題，不過我心裡真正想說，如果仍舊用人力銀行求職的話，履歷自傳寫得再好都不太有用。因為人力銀行是媒合平台，只要企業設一個條件：「四十歲以下」，超過四十歲以上的履歷就算寫得再好，也永無見天之日。

對於這些人，不論上課、演講或寫文章，我都會特別提醒兩件事：

### 1. 切勿衝動離職

老實說，這件事有點難。倒不是說中年人做事莽撞不經思考，而是情勢所逼。很多公司以為年輕人是創新的來源，想把年紀大的員工請走，便會祭出各種逼退手段。中年人一開始會咬著牙忍下來，隨著公司的手法越來越惡劣，感覺到失去做人的尊嚴，便會在理智斷線的那一刻，孰可忍孰不可忍，一怒之下走人。

### 2. 務必騎驢找馬

在忍辱負重的這段期間，最聰明的做法是一邊工作一邊求職，趁早找到下一個工作，再遞出辭呈。遺憾的是，很多人在被打壓時，反而更賣力工作，沒日沒夜地加班，無非是想要向公司證明忠誠度、積極度。這其實是一廂情願的做法，像情人劈腿有小三，幫他洗內褲臭襪子也是枉然，遲早還是要被劈，不過是一片真心換絕情罷了。

上面這兩件事若是沒做好，一旦裸辭，不少人會趴在沙灘上很久，吃沙過日子，苦不堪言。特別是二〇二〇年發生新冠疫情，全球無一倖免，牽連廣泛，復原困難，使得失業後要再復職，時間拉得更長，生活更難熬。

## 就算逼退，也要布局

根據勞動部二〇一八年調查，二十五至二十九歲的青年初次找工作，平均花二個月餘（二．三五個月），其中四五%是在一至三個月找到，超過一年的不到五%（四．三六%）。而不論大學讀哪個科系，初次找工作所花的時間只有幾天的差別。不過中高齡者就長多了，根據主計總處在二〇一六年的資料顯示，中高齡者退掉勞保後，六成多（六五．二%）在十五個月內再度投保，超過一年有餘。

林小姐可能因為單身，也懂得保養，肌膚透著水光，身材婀娜窈窕，在演講會場初次見面時，我還以為她三十歲不到。當時她一臉愁容地說九個月都找不到工作時，我心想「還好嘛」，直到她說今年四十七歲，我倒抽了一口氣，差點衝口而出問她這樣的美魔女是怎麼保養的。她說：

「都怪我當初沒法再忍一忍……」

林小姐在一家大型保險公司做核保人員，做了十八年，公司說要給她一個成長機會，調她到另一個部門，負責不同職務，有表現就能升遷。林小姐很感謝公司，二話不說就配合調過去，哪裡知道從此沒有在晚上十一點前離開過公司，工作多、壓力大，致使健康受到影響，跟公司申請回原單位卻遭受拒絕。

免疫系統被破壞，生病頻繁，工作效率逐漸降低，林小姐整個人埋在一堆比她高的文件裡，身體實在是撐不下去。她心想自己在核保專業夠強，換一家保險公司應該被搶著要，於是遞出辭呈，頭也不回地走人。我問她，做了快二十年，雖然還不到退休年齡，但是公司在退休上總有些貼補吧？她搖搖頭說：

「一毛錢也沒有。」

聽到這裡，不由得令人合理懷疑，公司是不是在省資遣費呢？任職十九年有快十個月薪資可拿，五六十萬元跑不掉吧！為了省這筆錢，把一個認真負責、忠心不二的員工逼到健康受損、無路可走，而林小姐竟然從頭到尾不疑有他，尚且自責不夠有抗壓性，這家公司還有天良嗎？然而老實說，這種公司真不少。

## 過去順風順水，容易掉以輕心

核保人員需要考證照，老手也比較抓得到要領，即使如此，還是歸屬行政類，一般公司寧願找畢業未久的新鮮人，省錢、好教、好帶；像林小姐這樣逼近五十大關的中年人，很難獲得青睞。可是昆哥不一樣，他是外商銀行的業務主管，在憤而離職時，以為休息三個月之後再找工作，最多半年就能回到職場。

「哪裡知道找了一年……完全出乎意料之外。」

昆哥是留美的ＭＢＡ，在外商銀行圈每兩年跳一家，這次是老同事找他跳過去。老同事是他的頂頭上司，做業務的能力不如昆哥強，而昆哥換了位子沒換腦子，還勾肩搭背稱兄道弟，沒把老同事當上司看待，老同事覺得被小看了，一心想把昆哥囂張的焰氣硬壓下來，於是凡是他的案子就卡，讓昆哥過不了。

「我當他是兄弟，心想我是來幫他把業績挺起來，他卻認為我不給他面子。」

業績做不到，昆哥壓力山大，很想休息一下。還在猶豫時，岳父得了胰臟癌，太太要到醫院照顧，沒人接送兒子。過去九年，昆哥忙到沒有家庭、沒有生活，很少看到兒子，兩人一點都不親，他也想找機會多跟兒子相處。昆哥這時候四十六歲，家庭經濟重擔由他一人扛，可是他能力高強，沒想太多就在農曆年前把辭呈遞出去，瀟灑地走了。

像昆哥這類外商銀行一級業務戰將，又有帶人經驗，壓根沒想過自己會失業，所以昆哥當作度假，天天陪孩子踢足球。農曆年過後，辦完岳父的喪事，一眨眼三個月過了，昆哥坐到電腦桌前，好整以暇展開求職。除了透過獵頭公司，昆哥也廣為告知親朋好友，他要復出江湖，請大家幫忙留意工作機會。昆哥信心滿滿地想著：

「工作會來找我。」

## 失業期比想像中長

起初的確有兩個工作找上門，但他不滿意條件，心想後面還有更好的，毫不心痛地放水流，未料後面四五個月再也不見任何工作機會。直到年底最後一個星期才冒出三個職缺，等於一整年只有五個工作機會，乏人問津到這個地步，昆哥才清醒過來，原來能力強的人也會找不到工作。

問題來了，失業一年遠超過預期，昆哥的存款只夠應付家庭開銷半年，逼得他把房子拿去做二貸，借出二百萬元度過失業危機。這讓他警覺性大大提高，年底再面對三個工作機會時，謹慎多了，最後選擇回老東家，比較熟悉與安全。辭職後再復出，他發現人事全非，不僅工作機會變少，薪水也只有原來的六成至七成。

「如果要回到原來的薪資水準，只有到國外去工作。」

求職比想像中時間長、工作比預期得少，是中年人失業之後，最常跟我抱怨的兩個重點。依據我長期的觀察，四十五歲是分水嶺，之前還勉強有機會，之後就算減薪與降職，都不見得有人理睬，非得認清這個殘酷的現實不可。因此接近四十歲時，要把螺絲拴緊，小心被失業，同時也不要貿然離職。就算被逼到退無可退，還是要忍住那口氣，做好布局，騎驢找馬，有了下一步，再離職不遲。

# 3-2 出去過，就回不來了？

大陸內需市場大、經濟飛速成長，以及薪資優渥，吸引越來越多台灣的畢業生西進，甚至不少高中生直接申請大陸的大學，趁早卡位這個在未來可能是全世界最大的經濟體。根據《遠見雜誌》二〇一八年調查顯示，西進人才當中，以前是中壯年的台幹，現在不僅年輕化，裸辭人數也在增加中，都是先搬到大陸再找工作。

調查也指出，給付西進人才的薪酬，是台灣平均的一點七二倍，而生活費是台灣的一點六三倍，再加上大陸的稅率是台灣的兩倍有餘，因此就賺錢角度來看，到大陸工作未必那麼「有利可圖」。但是這些人當中有高達八成願意留在大陸繼續工作，很明顯的，賺錢的考量已退居其次，主要還是看重未來生涯的發展性。

## 回不來台灣了？

不過西進人才中，也有五七．一%的人動過念頭想回台灣。問題來了，不管是在Mobil 1或PPT這些論壇，當大家討論到大陸工作，鼓勵或唱衰的各占一半；當話鋒一轉，有人問從大陸回台灣工作好嗎？真心不騙，幾乎是一面倒，大多數人會跳出來說：

「到大陸工作，就回不來台灣了。」

這句話，隱含兩個意思：

1. 薪水回不去在大陸領的水準。
2. 大陸的經驗可能在台灣用不上。

台灣人去大陸工作，第一波是台商，去開工廠，做製造業；第二波是台幹，去管工廠，還是製造業。而這些工廠都設在哪裡？離城市車程幾小時的偏鄉僻壤，在廠裡包吃包住，進去就難得出來，除非返台休假。第三波是目前這一波，年輕人單槍匹馬闖蕩大城市，最夯的當屬互聯網、文創這兩大產業，製造業不再吃香。

不少台商到大陸之後，從港資介入，再到全陸資，大陸老闆當然愛用大陸員工，把台幹一一裁掉。而外商也一個模樣，先是從台灣挖角國際性人才過去，等到根基扎穩之後，台灣人才完成階段性任務，失去可利用價值，就棄置不用。

這些人才都像是用完即丟的「便利貼」，輕輕就黏得牢，輕輕就撕得掉，不傷及企業的一根筋、動到一根骨，一切船過水無痕。甚至有的徹頭徹尾是一場設局，台灣一家公司本來要請走一位經理，剛好在大陸開了新廠，需要有經驗的人去頂一下，於是派他過去，並告訴他：

「有能力的人都去大陸，舞台更大，更有發揮空間，未來在公司才會往上升遷。」

公司對這位經理用的是「當地雇用」，等到想要回台灣時，已經不是台灣公司的員工，連公司大門都進不了，才發現被公司騙了。不過多數公司還是不得已，像是決策錯誤、執行不力，致使西進失敗，進退兩難，最後員工不得不摸摸鼻子走人。

## 中年過後，回來更難

無論哪個原因，回頭再踏上台灣這塊土地，面臨的第一個挑戰就是重新求職。此時此刻，這些人大概也來到四十歲上下，而台灣就業市場對中年人極度不友善。

不要說四十歲，早在三十五歲已經拉出生涯第一次警報，大企業多半表示不予錄用。

有多嚴重呢？前兩三年我有機會去企業演講，從北到南，從南到北，我都問在座的部門主管：「幾歲的人會錄用？」三十歲還有人舉手，三十五歲就沒人舉了，我嚇一跳，轉身問資歷十年的獵頭顧問：「超過幾歲就不推薦了？」他毫不遲疑回答：

「當然是三十五歲！」

這就是用人的潛規則！在台灣，用人或不用人不可以有年齡歧視，根據《勞基法》會重罰三十萬至一百五十萬元，沒人敢公開談論。既然是沒說出口的祕密，一般上班族當然被蒙在鼓裡，失去警覺性。二〇一九年我到上海，在中國移動的門市，瀏覽他們的徵人看板，幾十個職缺全部寫著「限三十五歲以下」，這才明白難怪大陸有個「三十五歲現象」的說法。與我同行的是一名上海律師，他帶著驕傲的口吻跟我說：

「我們多透明，每個人都知道有這個用人的天花板。」

我認識兩名三十出頭的媒體人，都轉戰大陸的互聯網，無不有嚴重的年紀焦慮，覺得自己太老了！整個辦公室一眼望過去，大陸同事都二十幾歲，至於三十幾歲的很少見，連老闆也是這個年紀。他們告訴我，年紀帶來的壓力，在台灣還沒有感受到這樣深刻。可以想見的，在大陸拚搏，四十歲還能挺得住，不容易呀！

你看，到了中年，是不是兩頭夾殺、進退維谷？這也是回台灣求職不順的關鍵原因。另外還有一個原因，台灣不論市場或企業規模都不能與大陸相提並論，使得在大陸歷練過後的人才回台灣之後，經驗無法借用。

## 規模不同，經驗不同

同樣是廠長，管一萬人和管一千人，能比嗎？同樣是協理，管三十名經理和管三名經理，能比嗎？同樣是連鎖店督導，管五十家店和管五家店，能比嗎？規模落差之大，不論使用的管理方法或工具，以及掌握的預算、可調度的人力物力，還有策略思維、視野格局，只能用天差地別來形容。

當這些動輒管理幾百人或幾千人的高管回來台灣求職，企業第一個想的是該給多少薪資，多了給不起，少給了又擔心人才會跑掉，必須重新雇人。很多人回台面試後沒有下文，是因為企業想親眼看看你有多厲害，可是左思右想又把手縮回去，只能「謝謝，再連絡」，最後會找一位與台灣經驗接近的安全人選頂上去。

前面第二章提到的冠宇，當公司變成全陸資，用人在地化，他就被「遣送回台」。冠宇是台中人，在求職不順之後，很想回台中，可是買不起台中的房子，改到房價相對便宜的金門居住。雖然節省了費用，卻更加找不到工作。還好太太曾在幾十萬人的陸企任職公關總監，能言善道，勉強撈了個店員一職來做，領基本工資，全家陷入一片愁雲慘霧。

起初冠宇一點都不慌張，因為他是失業老鳥。前兩次不到三十天就找到工作，這是第三次，他以為會和過去一樣順利，直到超過一個月未找到工作，才急了起來。太太無法接受冠宇失去既有的光環，堅持他一定要找到相同水準的薪資與職位才能去做，問題是金門根本沒有冠宇熟悉的製造業。前三個月，冠宇每天投履歷十封以上，都是已讀未回。

冠宇以前在台灣當主管，都只錄用新鮮的肝，心裡清楚年過四十要進大企業太難，更何況他後面十年是大陸經驗，在台灣派不上用場。而獵頭也勸他換個產業做，因為他從前做的光電產業早就式微。冠宇再跟太太商量，要設停損點，比如參加職訓，學習新技能，從基層做起，太太仍舊不同意。

他回想在大陸這十年，管的是工廠，就算有一萬人，都是作業員；可是在台灣卻不一樣，就算只有一百人，卻是工程師。一個管基層員工，做生產製造；一個帶領知識精英，做研發設計，無法相提並論。而且台灣企業哪有這麼大的管理規模，能力再強也不適用。同時再想想，大陸工廠位在偏鄉僻壤，他以前任職的台灣竹科位在最有錢的城市，學習新知的動力也有落差。十年不讀書、不練功，冠宇坦承：

「我反而跟不上台灣的腳步。」

年輕時，到大陸找成就感；中年之後，回到台灣卻四處碰壁。這個情景逼得很多人不得不再出走大陸，至少有人脈幫得上忙、經驗派得上用場；雖然價值略有減損，至少能再工作幾年。一般來說，能夠順利回台述職的不脫兩種人，其一是外商人才，其二是派駐大陸的台幹人才，他們都有退路。如果不是這兩種人，一定要維繫住台灣的人脈，並且保持精進，才能無縫接軌台灣產業。

# 3-3 職涯像一條S曲線，往上走或向下滑？

三十五歲之前，以為人生是一條直線，不斷上揚；三十五歲之後，才知道人生是一條S曲線，會往上走，也會停滯不前，甚至會走下坡，像腳打滑了似的一路溜到底。

下滑的現象，有人三十五歲來臨，有人在四十歲、四十五歲，不過大約五十五歲應該多半都遭遇到了。主計處統計，五十五歲以後的平均薪資大約比過去減兩成，這個八成薪所代表的意義是生涯開始走下坡，工作正在向下流動。

## 資歷不等於能力

在上課時，我常比喻職涯發展就像登山，年輕時從山腳往上爬，氣喘吁吁，汗流浹背，工作最爛、工時最長、薪水最低，一路爬一路罵，倒也慢慢爬到山頂，視野遼闊、景色美麗，這時候天色逐漸暗沉……我問學員要不要下山？他們一致點頭說：「要！」

接著我再問，假使不下山會怎樣？結果每個人你看我、我看你，答不出來，於是我故意拉著臉一字一字地說：「會—發—生—山—難，要打一一九。」

學員聽了，笑成一團。然而我不是在說笑話，而是在說殘酷的現實真相。我周遭有幾個朋友從小到大，由模範生到績優員工，最後坐上高位，叱吒風雲，不可一世，羨煞多少人！但是風雲會變色，一不小心腳底打滑，職涯一路往下走，有人無法適應，逃避現實，有人演出荒腔走板，甚至有人精神異常。

這個年紀還要求職，找到的工作大不如前，是人之常情，也合乎邏輯。不過可惜的是，彷彿一夕之間，再也啥都不是了，專業上的價值完全被抹煞，其中固然有年齡歧視的因素，但是多半都是能力不再與時俱進所致。

政府成立「銀髮人才資源中心」之後，我被請去幫五十歲以後的中高齡者做求職上的心理建設。我得說，政府是用心良苦，因為企業哪裡要用這個年紀的人，這是吃力不討好的事！政府到處拜託企業雇用他們，然而能夠找到的多半像超市的時薪工作，問題是這些求職者不少是學有專長，比如有著二十年或三十年資歷的會計、工程師、法務、業務等。

## 淘汰你的不是企業，而是時代

勞動部在二〇一八年做過研究，針對中高齡失業後再就業的影響因素做分析，指出中高齡者就業困難有以下三大因素：

1.產業結構改變，以致人力需求結構改變，不利中高齡者就業。

2.中高齡者的工作技能未能隨市場變動而提升，且體能受限，故藍領特別會提早退出職場。

3.雇主和社會大眾對中高齡者有刻板印象，如產能退化、不易溝通、不易訓練、不易管理、雇用成本太高等。

有個粉絲在一家超商龍頭品牌做人資，做到快滿二十年時，突然被調職，最後被資遣，來問我怎麼辦。我請一位職涯諮詢顧問協助她，後來顧問跟我搖搖頭說：「她在人資二十年，不論觀念或技能，比我們只做兩年的人資同事還差，居然薪水領到八萬元，難怪會被資遣！」

時代巨輪不斷往前走，她卻是大樹下好乘涼，當然被淘汰，這是屬於就業困難的第二個因素。研究也指出以下三個現象：

1. 越是基層，企業越是偏好雇用年輕人；雲嘉地區甚至寧願用外勞，也不用中高齡者。

2. 相對的，專業人員比較能夠做到年紀大。

3. 超過百人大企業雇用中高齡者的意願，比小公司來得高。

就算求職困難，為了謀生，就會往下流動，比如專業人員去做非專業性工作、大企業員工去應徵小公司、全職改做兼職、正職變成約聘。工作越換越差，生涯不穩定，也就不斷在換工作、不斷失業中，形成惡性循環，全年的總薪水減少。

在我的採訪案例中，有位高科技業的主管失業之後，求職困難，不管他把薪水降至多低，所有應徵信都是已讀不回。由於有接觸就業服務站，他想進去做聘雇人員，想辦法考到二級就業服務執照。

我曾經在人力銀行任職，政府規定每十名員工得有一張就業服務執照，否則評鑑分數就會打低，而連續兩年評鑑不過就會勒令停業，因此送員工去考執照是年度大事。可是考上寥寥無幾，據說考中率有時會低到一〇%。這位前高管不是這一行，居然一次就考上，令人佩服！

## 曾經年薪三百萬，搶不到三萬元工作

接著他去就服站應徵，徵人的公告明白寫道具備這張執照優先錄取，結果竟然是另一名沒有執照的人獲得錄取，他一怒之下，想寫信給勞動部問原因，我當然支持他，卻不由得感到悲涼。他才四十四歲，曾經年薪三百萬元，現在連三萬元的聘雇工作都求之不得。當他冷靜下來之後，想起面試時，對方曾經暗示他：

「你比用人主管的年紀大喔……」

說起來，這不是他第一次應徵公家機關的聘雇人員，由於屢戰屢敗，他去請教過大學時代的教授。這位六十歲的教授和政府關係良好，直白地告訴他：

「他們要找的人，不是年輕貌美的女生，就是要有關係。」

接著教授補充，在公家機關做事，不是認真努力就能做出成果。這兩項條件，他一項也不具備，加上年紀因素，讓他沮喪不已，說出負氣的話——連約雇人員都應徵不上，是離開職場的時間到了。但是孩子還小，最近他在動腦筋去受訓做居家照護人員，像是幫老人洗澡、把屎把尿、按摩手腳，或是煮飯洗衣……

失業之後，無法翻身，工作往下找，社會階層往下流動，固然有環境因素，不過我想給大家提個醒，人才到哪裡都是人才，不是完全無路可走。

賈伯斯被蘋果踢出家門，十年之後強勢回歸，把蘋果從瀕臨破產邊緣救起來，讓iPhone市占率在全球逼近兩成，並且賣價最高、獲利最大。而他離開的這十年，並非全然沉寂無聲，反而做得風風火火，創辦皮克斯動畫工作室，推出第一支由CGI創作的長篇電影《玩具總動員》，第一集全球收入逾三點六億美元。

相反地，很多上班族總是愛抱怨這抱怨那，好像全天下的人都欠他、欠他一個英明睿智的老闆、欠他一個會飄關愛眼神的主管、欠他一個好相處的團隊、欠他一個有挑戰性的工作、欠他一個有制度的公司……等到離職了，求職不順，才知道不是這個世界對不起他，而是他給不起這個世界一個對得起他的理由。

## 不是你自帶光圈，而是公司招牌亮

另外，還有一種人名不副實卻不自知，失業了被沖到沙灘上，才發現啥也沒穿的是自己。有一位大企業的執行長，第一次見面時，鼻孔朝上，對人愛理不理。後來行事有瑕疵而被迫離職，還上了媒體。他四處喊冤，說「功在黨國」，公司能夠從三十人做到今天五百人的規模，全是靠他一個人撐起。但是後來換過幾家公司，都沒交出漂亮成績，到今天完全消聲匿跡，人間蒸發，誰也記不起來他。

所以很多人失業之後，工作越換越糟，不過是證明一件事，是他比較需要公司，不是公司比較需要他。過去之所以自帶光圈，是公司的招牌閃亮，投射到他的身上。可惜這些人在跟著公司水漲船高時，得了大頭症，等到下了船，才知道不如自己想像中的能力高強，暈得可厲害的呢！

「安打製造機」鈴木一朗，曾在美國職棒大聯盟單季擊出最多安打二百六十二支的紀錄，最難能可貴的是他連續十季都能擊出二百支以上安打。鈴木一朗講過，成功會說謊，但失敗不會，絕對是哪裡出了錯。的確如此，職涯成功有時是因為一時幸運，抓住機會；至於能夠長期保持成功就必須靠真本事，僥倖不得。

失業，是一面照妖鏡，讓人無所遁形。當工作向下流動時，不論抱怨景氣變差，或是企業對中年人不友善，或是政府不照顧中年人，都於事無補；當務之急是找出自己能夠幫助企業做出成績的價值。這世界沒有欠我們一個好工作，但是需要我們給出一個好理由，說服他們雇用我們共創未來。

## 3-4 派遣、兼差、自由業，還要有長久之計

非典型就業絕對是一個不斷向上走的趨勢，將會有越來越高的比例不是做編制內的正職工作，而是非正職，比如工讀、時薪、兼職、派遣、外包等這些在傳統上不屬於典型的工作。非典型就業從二〇一〇年的六．九二%到二〇一九年的七．一三%，看似緩步上升，卻無一年是往下掉。

現在父母看到兒女在大學畢業後，做的不是正職工作，一開口就責罵，為什麼不好好去找個正經事做，非要這裡兼個差、那裡做個派遣？我得說句良心話，不是年輕人不去找正職工作，而是正職工作逐漸在減少當中，同時在各個年齡層中，年輕人首當其衝，屬於最大宗受災戶。鄰近的日韓兩國更高，韓國是三三%、日本是三八%。每次我都會問在座的學員：

「台灣企業這麼有良心，你們心裡有沒有竄過一股暖流？」

學員都不置可否，臉上露出「其中必有詐」的表情。接著我再問，為什麼非典

型就業的占比在台灣不如日韓兩國高？這時就有人出聲說：

「低薪！」

## 度小月可以，並非長久之計

賓果！正解！然後我會要學生伸出左手摸摸臉頰，看看流下來的是雨水還是淚水，他們被我逗得笑開來。但是，心裡是酸的。有時候看媒體報導，指這一代年輕人不喜歡安定下來，偏好非典型就業，說什麼第一時間自由，第二工作壓力小，第三心性喜歡有變化，接著還會蓋棺論定說「零工經濟來了」。這是事實嗎？

未必！根據主計處調查，只有一四．五％的非典型就業者是真心喜歡這樣的工作型態，另外有一四．四％是迫於無奈，像是有人必須兼顧家庭或照顧長者。不過比例最高的是二二．四％的人根本是非自願，他們徹頭徹尾不想從事非典型就業。就如同我認識的一名二十八歲年輕人說的：

「如果可以選擇正職工作，誰要做非正職？」

從上面主計處的調查看來，對於八五％非典型就業者來說，這是其次的選擇，其中當然包括在失業之後，找不到正職缺，不得不屈就非正職工作。

新冠疫情期間，最高峰的四月，電視新聞報導一棟大樓外排了一條長龍，約一兩百人，記者說這不是排隊買口罩，而是排隊應徵工作，職缺是機車外送員。其中有些人原來做技術職，做裝潢或設計等，想來都是疫情的受害者。為此我寫了一篇文章〈有些工作度小月可以，但不是長久之計〉，引起讀者熱烈的回響。

為什麼我要這麼說？疫情期間，電商與外賣大發利市，企業做公關操作，媒體還大肆報導，指這些外送員月賺十萬元或更高，鼓勵更多年輕人投入。這是事實嗎？台大有四名學生做了分析，以台灣平均月薪四萬一千八百七十一元來算，不論Foodpanda或Uber Eat，每天平均要接二十五單，至少做九點七至十點二小時，才有可能賺到這份薪水。更不要說馬路如虎口，還要限時送達，這是賣命呀！

## 不得不的選擇

所以我才會提醒大家，這類工作只能當作過渡，不能用來做長遠打算，在景氣回復之前，一定要趁早回去原先崗位，做技術職或專業職的工作。主要是這些工作具有以下問題：

1.不具保障性

不在編制內，非正職員工除了欠缺福利外，很容易被用來調節人力，隨著景氣循環而就業或失業，工作不穩定。

2.不具發展性

這類工作要的是人力，不是人才，而且當企業用非典型就業人力順手之後，轉正職的機會渺茫，更不用說以後少有升遷或加薪的可能。

3.不具專業性

它用人的條件是會騎機車、會認路、會守交通規則、會按門鈴、會遞件給人簽名等，這些能力再厲害，也不會被列入專業考量。

中年失業，年齡成為最大的阻礙之後，就業容易往下流動，變得沒有選擇，只能退而求其次，這輩子沒想到會做的工作都有可能將就著做。因此正職變成非正職，被劃入非典型就業的隊伍裡，或是轉而從事無底薪的保險、傳銷，都是常見的情形。有個單親媽媽做保險十多年，來跟我學習做斜槓，什麼都肯嘗試、每天都在求新求變，最終努力有成，我問她哪來的拚勁？她說：

「我連保險都做，沒底薪可領，就知道我沒有退路可走了，只能一路往前衝。」

## 做自由工作者，賺零用金

還有一種人是求職不順之後，索性做起自由工作者。我看過不少自由工作者把這種工作模式寫得很浪漫、很自由、很理想，我只能說「夢想很豐盈，現實卻是很骨感」，這種類似一人公司並不是人人做得起來，多數人看似有工作在做，其實賺不到幾個錢，對於要扛家計的中年人充滿考驗。

大偉是電視編劇，第一份工作做七年多，後面三份工作都在一至兩年。我聽他談這一行時，腳底吹過一陣風，有一種離地三尺不踏實的虛無感。他們啊，案子滿天飄，什麼時候落地不知道，而且一有案子就十萬火急地趕腳本，等到趕出來了，可能案子又沒了，每天上班沒事做，大偉為此離職過兩次。

最後一次飄得更厲害，大偉一報到就在不到一個月內趕出腳本，老闆看了覺得挺有笑點的，沒隔幾天卻說不走這個腳本了，要他發想第二個。大偉不解，便問老闆原因，答案竟然是不夠有趣，跟原來的說法完全相反。寫第二個腳本時，不斷開會、不斷提想法、不斷修改，始終無法定案，大偉等於毫無產出。

大偉心裡有數，料準不是久待之地，開始投遞履歷，騎驢找馬。到了年底十二月三十一日，老闆找他進辦公室說：

「不好意思，公司沒有多的錢養in house編劇，我們就合作到月底為止。」

由於農曆年前，工作機會不多，大偉把兒子從南部接上來，把大女兒的保母辭了，通通自己帶，全家第一次大團圓，這個家至此才有完整的感覺。年後大偉要出去求職，太太反而勸他在家帶孩子，「你不覺得這樣更好嗎？」之後一年多以來，大偉同時帶著兩個兒女做YouTuber，上傳五十多支影片，訂閱數二百多人。

「正好把專長用上，雖然離賺錢還有一段距離，卻給孩子留下滿滿的回憶。」

另一個案例李小姐在失業之後，順理成章變成自由工作者。失業前，她一邊在公司當主管，一邊幫家庭主婦的妹妹做網路小編，懂了不少網路行銷的門道。妹妹做手工包，講究細活，效率不高，一個月收入最多五千元。李小姐自認有不同的想法與做法，加上參加過文創市集，每週擺攤兩次，再在露天、蝦皮或臉書做曝光，預計每月賺兩萬元應該沒問題。

## 焉知非福？

李小姐現年五十五歲，勞保投保年資三十三年，政府規定六十五歲才能領勞保年金，可是失業了，打算提早到六十歲領，雖然只有八成，但是不必再繳後面五年的勞保費。加上手工包這個活兒再做十年，到六十五歲都行，多少有事情可做、有零用金可賺。看得出來李小姐很積極，我不時會收到她傳來的新作品，在銷售上一點都不生嫩。

目前兩個孩子都畢業，轉眼能夠經濟獨立，而先生還在工作中，家計壓力不大，這使得李小姐對做手工包這份工作可以秉持平常心，不要求高營收。假使不是同樣家庭條件，做手工包未必能夠養家活口；可是反過來想，如果不做手工包，這個年紀求職未必容易，不見得有兩萬多元。李小姐說：

「之前害怕失業，安眠藥吃了五年；現在真的失業了，反而覺得不如想的那麼嚴重，賺多少錢就過多少錢的日子，都過得下去的。」

非典型就業象徵著工作與收入不穩定，對於年輕人而言，度小月可以，卻不能視為長久之計；中年人不同，不僅可能是長久之計，還是一張職涯安全網，能做多久由自己決定，反而成了一份好工作。人生的上半場與下半場，哪裡是上下兩集的連續劇？根本是兩部顛倒著演的單元劇，要思量的、要計較的全都不同。

# 3-5 高處不勝寒，減薪也沒人要

年輕上班時，偶爾回頭望一眼坐在透明玻璃辦公室裡的總經理，想著：「應該薪水領很高吧！」當時我在傳統媒體工作，不論總經理或總編輯，做八年十年的所在都有，沒人想到這樣的高位也會換人，後來他們真的是做到退休了或移民了，才有位子讓出來。所以在我的腦子裡，以為總經理或總編輯都是做一輩子的。

接著下來，我有九年籌辦廣告獎，和廣告界互動頻繁。當時越來越多的外商廣告公司踏進台灣，才發現外面的世界真是風雲詭譎、動盪不安，非得有三個心臟四個膽不可，否則早就人間蒸發。不騙你，每隔一陣子就聽到哪家外商廣告公司的總經理升任董事總經理，或是升任董事長，又再一陣子董事長辭職了……

## 白領精英的後來呢？

我，這隻三十好幾的青蛙剛剛爬出井底，看著外面的花花世界，感到複雜難以理解，頭皮抓破了也看不懂，心裡冒出一堆問號：

「他們才三四十歲，是要退休什麼？」

「董事長是公司的最大頭，怎麼還需要離職？」

「位階都這麼高，離職了是要去哪裡？」

那時候大陸經濟起飛，外商廣告公司紛紛到大陸插旗，需要招兵買馬，這些人有能力、有經驗，不少被請去做高階主管。其他沒去的，便自己開一家小廣告公司。接著陸續傳來誰去大陸卻鎩羽而歸，誰開公司卻收了……不需多久，業界再也沒人談起他們，好像他們不曾存在似的。

可是你知道嗎？我第一次見到這些人時，也是我第一次認識什麼叫作專業精英。每個人一身名牌，說起話來，時而專業自信，時而冷靜分析，時而一腔熱血、感人肺腑；而且在業界，即使不到呼風喚雨，也是舉手投足動見觀瞻，走起路來，地是會震動的……難以想像一旦失去舞台，他們是什麼模樣。

後來我真遇見一位下台的董事長，自己創辦一家本土廣告公司，在經營最高峰時隱退，才四十出頭，把公司交給合夥人，說要去做自己一直想做的事。我有一陣子固定會在家附近爬郊山，竟在轉彎處看到他，你猜他在做什麼？

種田！

## 減薪，在日本很普遍

田是租來的，種了十年，他頭戴著斗笠，一身泥土，和我聊了一會兒，臨走時送我幾根小黃瓜與玉米，特別叮嚀不要下鍋煮，生吃更甜更脆。緣分很奇妙，十年不見，第一次再見面了之後卻變得常見，幾次在社區圖書館看到他在看書，遠遠地。這讓我明白到，不論過去在台上有多光鮮亮麗、前呼後擁，下台後的身影都是樸實的、一個人的。

這位董事長是急流勇退，也能接受讀書種田的山居日子，其他人迎接的恐怕是一而再的衝擊，第一個衝擊是沒想到自己居然找不到工作，第二個衝擊是減薪也沒人要！

經常有人來跟我側面打探消息：

「最近外面是不是很不景氣？」

「怎麼說？」

「喊出來的薪水都比過去低很多。」

在白領精英的腦子裡，從來不會想到自己有折舊的一天、薪水有被攔腰斬的一刻，當薪水被砍，第一時間他們懷疑的不是自己身價跌了，而是懷疑大環境景氣不如以往。當我說，根據日本的經驗，過了五十歲被辭退之後回任，薪水可能打八折；六十歲以後，還可能降到五折，他們都睜大眼睛瞪著我問：

「為什麼？」

他們不服氣呀，心裡想著：「我才五十歲，外表看起來不到四十歲，健康有活力，不輸年輕人；腦力與經驗也一起來到一生中的最高點，是最有所發揮的年紀！而薪水反映的是價值，我之所以領高薪，是因為我有這個價值！攤開過去的豐功偉業，無一不是鐵的證明，我每拿一塊錢薪水，就代表幫公司賺了十塊錢盈餘，當然值得這個薪水！」

## 五十歲是分水嶺

不過那是自己想的，讓我們來看看官方資料怎麼說。主計處的資料顯示，中年以後減薪根本不是新聞，而是存在已久的陳年舊事。奇怪啦，為什麼我們不知道？原因是過去台灣人太早退休（參見6-6〈何必再找工作？找收入吧！〉），較少人碰到五十歲以後減薪的情況；現在長壽化，退休延後，遇到減薪的人多了，才覺得駭人聽聞，相信以後就會見怪不怪。

二〇一五年主計處公布各年齡層的平均月薪，二十至二十四歲平均月薪是二萬五千一百零五元，二十五至二十九歲是三萬一千八百二十四元，三十至三十四歲是三萬四千三百八十元，一路往上爬升；直到四十五至四十九歲是四萬七千百一十元，來到最高峰！之後從五十歲起一路往下跌，五十至五十四歲是四萬零五百七十五元，五十五至五十九歲是四萬零二百九十八元，六十至六十四歲可能有退休金或其他名目的錢進來，反彈二％，升高至四萬一千一百五十四元。可怕的是，隔年自六十五歲起，下降二五％，薪水跌至三萬零八百三十五元。

從這個金額走勢，歸納出三個結論：

1. 五十歲以前，薪水是往上走，一路加薪。
2. 五十歲是分水嶺，自此之後一路往下走，進入減薪階段。
3. 六十五歲以後，若是還要繼續工作，薪資比二十五至二十九歲年齡層還低，比剛畢業的社會新鮮人領得少。

年輕時，要學習的是如何準備就業，以及爭取加薪；中年以後，要學習的竟然是相反的課題，如何面對失業與減薪。

安妮是我的斜槓班學生，是一顆滿格的勁量電池，行動力十足，不怕失敗。當他們班上同學有人還在左思右想，做不了決定，不知該做哪個斜槓項目時，她已經像是放連珠炮，劈哩叭啦一連串在三個響叮噹的大媒體開出專欄，令人吃驚的是她和媒體毫無淵源，從小最不愛的就是作文。同學笑說看不到她的車尾燈，她嘴邊春風一句回道：

「我把車尾燈拆了。」

從美國留學回來之後，安妮都在外商金融業帶業務團隊，做行銷、帶培訓，顏值一流，口才也好。別以為她說話伶牙俐齒、咄咄逼人，恰恰相反，軟軟甜甜的有如我最愛吃的太妃糖。但是像這樣高薪的職位，沒有一天是好過日子，總有人千方百計想拉下你、頂上去。安妮在一次「擦槍走火」中出局……

## 越過山丘，無人等候

先是來了一位新總經理，想要安插一位舊部屬在安妮的上面，並要求安妮裁掉一名屬下以減輕人事成本，安妮認為沒道理，總經理一冒火就撂下狠話：「沒人走，就是你走！」安妮本來就是俠女性格，只想到屬下的不能失業，卻沒去想自己是兩個孩子的單親媽媽，竟然正氣凜然地衝口而出：

「我走！」

這樣優秀的人才失業兩年多，因為薪水太高，沒人敢聘雇。可是安妮熱愛工作，加上身懷十八般武藝，想對社會要有所貢獻，總是特別彎低腰桿跟企業說，薪水先不談，做出成績再來談；或是說由企業開價，她沒意見，企業仍舊不敢把這尊大佛請進門。安妮這才恍然大悟：

「原來，連減薪都沒人要。」

這實在是一個莫大的衝擊！過去企業捧著高薪來延攬她，安妮還挑三揀四，哪裡知道人到中年，風水輪流轉，完全變了樣！還好安妮在學了斜槓之後，展現多才多藝，包括在各大媒體寫專欄、教年輕人英文面試、教上班族理財投資，還做私廚辦家庭派對，忙得不可開交，倒也自得其樂。

李宗盛五十五歲時，唱了一首〈山丘〉，撥動無數中年人的心弦，贏得二〇一四年金曲獎最佳年度歌曲等三項獎。努力衝刺，勤奮工作，直到越過山丘，才發現白了頭，時不我予，無人等候……令人慶幸的，還好你今天看了我的書，事先預知以下這兩個事實，總比以後知道來得心裡有底。

1. 中年以後，多數人會面臨減薪的尷尬。
2. 中年以後失業，不少人會遇見減薪也沒人要的蒼涼。

如果你不甘心、不服氣，就請趁早拿出辦法，也許能夠改寫命運！

第4章

# 失業的領悟與禮物

## 幸與不幸只有一線之隔

「人的一生當中會發生好事，也會發生壞事。你無法控制會發生些什麼，但你一定可以掌控自己的處理方式。」

——《NLP之父3天改變你的一生》，作者為理查・班德勒（Richard Bandler）、艾里西歐・羅伯堤（Alessio Roberti）、歐文・菲茲帕特里克（Owen Fitzpatrick）

一輩子都在就業，其實也沒什麼好驕傲的，那是一個單薄且蒼白的人生。唯有失業才讓人完整且豐富多彩，轉身注意到工作之外，還有更精彩豐富的人生，像是自己、健康、家人、朋友，或是生活。而這些部分，在就業時，最常被忽視。可是當一個人臨終，若問他，最遺憾的事是什麼？有一位從事臨終關懷的志工發現，一致性的答案赫然是——

「我幹嘛要花那麼多時間在工作？」

後來從失業走出來的人，變得更健康、更正向，也更有奉獻，都是能夠好好享受失業期間帶來的一切，包括跟自己相處、與家人深度互動、和兒女重建關係，以及養成運動習慣，簡單且心滿意足。因此重要的不是發生什麼事，而是怎麼面對與處理，這一切都受到認知框架的影響，心態才是致勝關鍵。

有一種失去，叫作獲得。在失業時期，老天爺幫你按下暫停鍵，不是讓你用來抱怨失去工作，而是感恩再度獲得那些重要的失去。至此，完整了，圓滿了，幸福了，你會像美國的西洋棋王喬希·維茲勤（Josh Waitzkin）在一次慘敗之後，悟出空的力量，十二年後多次贏得太極拳世界冠軍，他由衷地發出讚嘆：

「人生真是該死的美好！」

# 4-1 撿回狂飆的孩子，彌補缺失的親情

做父母的都會說，不論孩子長到多大，在他們心中，孩子永遠是孩子。其實這是父母的一廂情願，不等於事實。在孩子的心裡，未必一直有父母的位置，也不會一直是幼兒時期那個無助的孩子，認為父母是萬能，而他必須事事倚賴父母、需要父母陪伴。因此做父母是有保鮮期，一般過了青春期就逾期，不太「有效」。

這就是為什麼育兒專家不斷呼籲，在孩子小時候多多陪伴是很重要的事。否則一旦孩子長大成人，反倒是多數父母都有一種深深的無力感，覺得孩子說不聽、管不動，花上十倍的力氣也不如小時候輕輕的一句叮嚀來得有效。可是這些父母都是等到孩子長大了，腦袋轟然一響，徹底醒過來，卻是為時已晚矣。

## 高薪背後的代價

每個人每天一律二十四小時，清醒時間給了工作、保住飯碗，就給不了家人與

孩子。偏偏這個年紀，孩子陸續到了狂飆的青春期，像一匹野馬橫衝直撞，抓都抓不住，一個沒注意就可能行為偏差、走上歪路，這是父母心頭最大的痛。

說起來，多數人的工作之所以保住，或是坐領高薪，是用孩子成長過程的缺席換來的。最後工作終究還是會背叛我們，值得嗎？唯有失業了，沒得選擇，我們才會乖乖回到家裡，面對殘破的家，以及沒法牽起手的伴侶、無法說上話的兒女。是的，失業是很多人在家裡「補破網」的開始。

前文提過的安妮有一次換電腦螢幕，大兒子說自己的螢幕也壞了，安妮轉頭問小兒子的是不是也壞了。小兒子回答：

「妳忘了嗎？我的螢幕在國中時被妳用鋤頭敲壞啦！」

安妮大驚失色，卻完全處於失憶狀態，不記得有過這個魯莽衝動的行為，趕忙問當初為什麼她要做這件事，小兒子說：

「因為我那時沉迷電玩，不去上學；妳說敲壞了，就不會再玩了。」

安妮過去一直在外商金融業，後來做到副總，年薪之高令人咋舌。大家看到她一身名牌，光鮮亮麗，卻不知道她要帶領團隊每年做出二十億元營業額。可想見安妮的工作超乎一般人的繁忙，經常往返亞洲各地出差，不常在家。後來在兒子讀小學時，先生外遇，兩人離異，突然人生完全失序，得了憂鬱症。自己都搞不定了，自然管不到孩子那邊去，孩子不僅跟她疏遠，也對她充滿不諒解。

升國中時，原本是資優生的大兒子選擇跟著父親遠赴大陸，一個人住在宿舍，無法適應當地的體罰教育，趁著暑假逃回來就不走了，同時得了憂鬱症，用刀片割手腕，成績一落千丈。而小兒子則是從小學六年級起就不穿制服，不去上課，整天在家打電動遊戲，連國中都沒辦法畢業。

## 開始補破網

兩個兒子的發展，讓在外衝鋒陷陣的安妮感到心力交瘁。偏偏屋漏偏逢連夜雨，安妮這時再遇到被失業的噩運，不過她並未被擊潰，反而藉此機會重拾與兩個兒子的關係。安妮在接受採訪時，用了一句話很特別，至今我印象深刻，她說：

「我不怕失敗。」

失敗了，爬起來就對了。安妮請家教讓兩個兒子取得同等學歷，接著把客廳的沙發移走，換成可坐上十人的大桌子，跟兩個兒子在同一個地方各自看書、工作、用電腦，並且一起吃飯、聊天。現在大兒子讀大學、踢足球，小兒子交女朋友、開朗貼心，都完全變了個人。用心在哪裡，收獲就在哪裡，安妮說自己是倒吃甘蔗，現在她去大賣場採購，兩邊一定各站一個「兒子標兵」幫忙提東西，她開心地說：

「我這兩個兒子越來越好。」

對孩子來說，父母的陪伴是最奢侈的禮物，也是最有效的親子教育。孩子內心一直沒說出口的話是，「如果你們再不陪我，我就長大了。」不論幼兒期或青春期，孩子都需要父母的陪伴與說話，只是不同年齡階段，陪伴與說話的方式不同，要切合他們年齡的需求。

可惜很多父母都忙於工作，特別是父親。根據一項調查，半數以上的父親每週陪孩子的時間不超過五小時，每天跟孩子有效溝通不到六分鐘。父親的理由不脫以下三個：

第一個理由是「我很忙」，他們認為工作很忙，陪孩子玩就不能工作；

第二個理由是「我不懂」，他們想的是教育孩子是專家或媽媽的事，於是丟給太太或安親班；

第三個理由是「我有陪」，他們以為只要跟孩子同在一個時空就有善盡陪伴之責，卻是一邊在玩手機、打電腦或講電話，心根本不在孩子身上。

## 成功，就是有時間照顧孩子

而有品質的陪伴包括尊重、理解與對話，而不是身在心不在。當錯過陪伴的黃金時期，到了青春期，父母就會明顯感到有效期過了，在教育孩子上力不從心。因此越是從小陪伴，效果越是良好；孩子跟父母親密，就願意與父母交流、思考或聽從父母的指導。有人說「一個父母抵得過一百個校長」，道理就在此。而什麼叫作成功？在暢銷書《富爸爸，窮爸爸》一書中，作者說：

「所謂成功，就是有時間照顧自己的孩子。」

真正富足的人，是在孩子小的時候，選擇放慢事業上衝刺的腳步、降低工作在生活中的比重，多花時間陪伴孩子。等到孩子過了青春期，個性穩定，思想成熟之後，再回到職場放手一搏，全力以赴。人生要過得有智慧，最重要是搞定兩件事，一是優先順序，二是心力比重，在對的時間做對的事，就不容易有遺憾。

丹尼爾在工作上從來使命必達，幾乎可用「鞠躬盡瘁」來形容，做到後腦勺出現兩個五十元錢幣大小的圓禿，績效領先群倫。結果呢？仍然在一場公司購併、組織重整中被犧牲掉，不得不打包回家。多年來在外南征北討，第一次跟兒子長期相處，卻發現兒子正陷入嚴重的低潮中。

當時兒子讀高一，由於亞斯伯格症，加上在學校被霸凌，變得憤世嫉俗，不想去上學。從小在打罵教育下長大的丹尼爾，對兒子一向也習慣用打罵，但這次不一樣，他失業了，兒子眼見要失學了，甚至厭世，情況非同小可，丹尼爾靜下來反思，尋求改變。

「他都不想活了，我還想什麼望子成龍？我決定改變自己，而不是改變他。」丹尼爾只做一件事，無條件去愛兒子。他會主動抱抱兒子，跟兒子說：「爸爸愛你！」同時丹尼爾跟老師每天line溝通，而校長也願意幫助兒子。在大家的關心下，兒子原來高一是全校倒數第三十名，畢業時竟然衝到前三名。信心出來了，兒子從被霸凌者變成助人者，獲選全國大專優秀青年。失業九個月期間，丹尼爾全心全意陪伴兒子，現在他們的關係變得很好。

## 失業，是為了找回迷路的孩子

「他喜歡跟我談身邊各種發生的事情，我就是聽、聽、聽。」

「再告訴他哪一件事他做得好，給他賦能，引領他看到明確的方向，讓前方的路越來越具體清晰。」

丹尼爾的兒子在讀大學時，變得越來越活躍，到泰國實習兩個月，到北京當交換學生，到外蒙古旅行。畢業後考了兩個研究所，一邊在中部讀流通與行銷研究所，一邊在北部修大數據。同時也自組團隊，申請到教育部創業基金開公司。失去一個工作，撿回一個兒子，丹尼爾說：

「所有的事都是最好的安排。」

失業了，下一步在哪裡？就是回家。回到家人身邊，或是回到自己的初心，學會好好相處是下一個重要的功課，那麼失業就有其非凡的意義。

# 4-2 十八般武藝不嫌多，持續學習就對了

有一次我google「學習」二字，跳出來的畫面最上方有三支影片，中間是我的一場直播，主題是「教你怎麼學會學習」。我一點都不意外，因為在我做了四十多場直播中，除了請專家來談投資理財外，這場在分享數上是第一。

協助我直播的小編二十九歲，大學讀傳播，做過編劇，現在負責影片製作，下班後自掏腰包學習攝影，她還教我怎麼化妝才上鏡頭；而我每次看到她提交給我的企畫案，都忍不住讚賞她在議題設定、論述邏輯上的功力。用傳統的「功能」來看，我簡直不知道該怎麼定位她。對於這次直播大受歡迎，以及我的驚訝，她解釋：

「這是真的，我周圍的人都有很深的學習焦慮。」

## 高度危機感的新一代

隔不久，兒子的同學大四畢業，要找工作，找我聊聊。一開頭我讓他針對自己

做SWOT分析，他依次從S（Strength，優勢）談到T（Threat，威脅）時，居然說擔心科技不斷翻新帶來生涯的威脅，還說三十歲就老了，腦子不好使了，學不了新東西，會被時代淘汰。對於下個月才滿二十二歲的年輕人來說，我明白三十歲真的老到牙齒要掉下來，所以我將重點放在說明學習這件事，他說：

「要學的東西太多了，一直覺得來不及！」

我想起兩年前訪問過一位台大研究所一年級的女學生，整個談話過程中，她說了不下十次「我一點都不聰明，只是很努力而已」。慢慢的我就了解原因了，她讀的公立高中算是一般般，但是勤勉向學，一路靠推甄上大學、研究所，如果靠分數、憑實力是上不了的，因此讀得頗有壓力。不過假使只要讀書也就罷了，問題是還要做很多其他事，她跟我列舉班上其他同學的情況：

「為了以後找到好工作，我們必須在各方面都證明自己是有能力的。只有把書讀好是不夠的，這種書呆子不會有企業要。」

「參加社團，除了做幹部、辦活動外，還要組隊報名各項專案競賽，拿到獎項；有的同學還參加三鐵、跑超馬，強調毅力驚人，面試時才有故事可說。」

劈哩叭啦講了一大串，焦慮有如千萬隻螞蟻在她身上鑽來鑽去，接著她抱怨連睡覺的時間都沒有。我越聽越汗顏，想想三十年前我們只要一張大學文憑就橫著走，哪裡能跟這一代比！問題是，準備充分又怎樣？迎接他們的仍然是科技日新月異、產業更迭快速、人才替代激烈，隨時有可能被踢出比賽現場。

講到這裡，中年失業者應該心裡有數！這是一群危機感強烈、戰戰兢兢、軟硬實力兼備的網路科技原生代，他們有年輕的心、聰明的腦袋和新鮮的肝，企業會用誰呢？答案不揭自曉。可惜中年人少有這麼想，反而以多年經驗為傲，自認是年輕人比不上的，很顯然他們不知道現在流行「反學習」（unlearn）。

## 舞照跳，馬照跑的舊世代

在這個小步快跑、快速迭代的世界，每年都翻出個新樣子，今年讓人攀向高峰的工具或方法，明年可能就讓人摔落谷底。想要保持成功，再也不能沿用過去成功的方式，反而要刻意拋棄它們，重新展開學習。怎麼拋棄既有的知識、技能、思維與工作程序？第一件事是忘卻過去所學，這稱為「反學習」。

這有如當家電壞了要送修，店家永遠勸我們別修了，買新的更便宜好用，因此經驗未必等於資產，而是包袱。偏偏窩在舊的經驗裡最舒服、最自在、最能耍威風，結果就是讓人在生涯發展上，出現「路徑僵化」的癥狀，難以與時俱進、難以重新學習。這時候，當老老鼠大口大口吃起司，無比滿意生活時，是不會警覺到起司正在一塊塊被小老鼠搬走。

唯有失業了，站在十字路口，不知何去何從，才注意世界早已變得不認識，而自己早也被時代給甩到另一個平行世界。

Cindy從小跟著家人移民到美國，大學與研究所讀的都是資訊，在美國就業的含金量極高。後來進到一家企業，全美一百大、全球五百強，在七十多國有數萬名員工，工作安穩，她從未想到失業會發生在自己身上。後來回想起來，其實老早就有跡可尋。打從她進公司這十年，這家百年企業陸續併購上百家公司，卻突然在這年二月被購併，命運整個翻轉過來，副總裁特別飛來安定人心說：

「一切照常。」

員工信以為真，沒人感到時代已經不站在自己這一邊，舞照跳，馬照跑，活在從前的太平盛世。一眨眼，十一月來到，開始砍人，第一波裁掉三%，Cindy上班的這棟大樓幾百人抱著紙箱子走出去，不幸的是Cindy也在行列裡。前一個星期主管還叮囑她最近工作忙，不要休假，明年春天再給她補假，哪裡想得到連冬天都過不完……Cindy的工作績效佳，無法理解與接受，忍不住脫口而出：

「為什麼是我？」

得到的不是解釋，而是威脅，人資主管面帶微笑回她：

「如果妳不走，就是非法居留，保全人員會帶走妳。」

## 新技能，才是就業的關鍵

Cindy第一次遇見失業，連續失眠三天，到了第四天勉強振作起來，出門買一束鮮花送自己，開始跟獵頭公司連絡。以前獵頭公司會很興奮地跟她說：「太好了，妳會這個，趕快來！」現在獵頭公司卻意興闌珊地問她：「除了這個，妳還會其他什麼？」Cindy很快注意到，她會的軟體在業界雖說還在使用，不過多半已經外包出去，不在編制內設職缺。這下子，Cindy不知道要做什麼了……

這時候有一家做自動駕駛的公司在他們社區徵求體驗的乘客，沒給酬勞，Cindy覺得好玩就報名，並且注意到自己對AI有興趣，像是機器學習、人工智慧、資料科學等，就上網自學。公司在失業後有幫他們聘請生涯顧問，顧問建議她試試看把這些技能先寫到履歷上，Cindy帶著懷疑的口氣問對方：

「可是我才剛學，還沒到會的程度？」

結果是電話被打到沒電，被迫關機，全是獵頭公司打來的，Cindy接到手軟，最後不得不躲電話，她忍不住自嘲：

「簡直跟躲債主差不多。」

獵頭的態度從不理不睬到把電話打爆，Cindy終於大夢初醒，原來失業之後，自己仍然握有主導權，其中的關鍵在於是否具備新技能。在跟獵頭公司洽談的過程中，Cindy更加明確抓住目前企業求才的需求，注意到他們都急於往雲端發展，於是Cindy做了一百八十度大轉彎，改成學習雲端技術，和企業並肩同行，同一個方向，同一條路上，因此很快找到工作。從這段求職過程，Cindy領悟到——

「在美國，企業需要你的技能，就要你馬上上班；不需要你的技能，就要你馬上滾蛋。」

## 永遠來得及學習新技能

反觀其他同時失業的同事，幾乎人人每況愈下。主要原因是他們不更新技能，還在癡心妄想在乾涸的池子釣出大魚，抱著舊技能尋找消失的工作。偏偏他們住的又是第二線城市，工作機會不多，下場只剩下兩個，工作不理想或是學非所用。Cindy鼓勵他們學習新技能，得到的理由是年紀大了，學不來。Cindy搖搖頭說：

「在資訊界求職，不是年輕才學新技能，而是學了新技能就會被認為年輕。」

在Cindy的父母那一代，一項技能用上二、三十年，但是現在資訊界，兩三年換一代。可是有人會想，我在學校已經讀得那麼辛苦，有碩士學歷就夠用，為什麼還要再學習？Cindy經歷過這次裁員後指出，有這種想法的人屬於多數。在美國，不少失業者還會失志到酗酒吸毒。而Cindy選擇一條少人走的路：

「我考了三張證照，而且繼續保持習慣，學習新技能，增加被雇用的價值。」

善於分析未來趨勢的美國投資理財專家約翰・普利亞諾（John Pugliano）在他的著作《機器人來了》（*The Robots Are Coming*）中提到，連人人稱羨的醫師、律師、建築師、會計師都有可能被取代工作，不免令人心驚。還好，如果加入時間因素，事情會變得緩和許多。

荷蘭學者採用政府資料，二〇〇〇至二〇一六年涵蓋三點六萬家公司、每年約五百萬名勞工的雇用資料，發現另一個事實！沒錯，自動化的確會影響到很多勞工，但是它是一個進程，勞工有時間去學習新技能、適應新工作。因為自動化而離職的其實不如我們想的多，真相是只有二%勞工在自動化當時離職，五年後有八・五%離開，但是不確定這些人是否受到自動化影響。

回頭看一八六五年汽車問世，馬車夫從逐漸失業，到最後完全失業，如果想要趕上時代，擁有新工作，就必須學習開車這項新技能。不論哪個時代，道理都是相通的，Cindy有感而發地說，我們每個人永遠都處在新舊交替的當下，有如小螞蟻的上班族根本毫無選擇，只有改變。否則一百年後，子孫看到我們毫不改變，只會啐一口說：

「活該！」

要生存下來，唯一的不變就是變，最需要學會的就是學會學習。

# 4-3 管理職場風險：儲蓄、理財加斜槓

逼得人走投無路的，不是失業，而是沒錢。一塊錢能逼死英雄好漢，更何況多數的我們稱不上英雄好漢。新冠疫情期間，每次講課我都會問在座的學員，如果這波疫情打到你，被公司資遣，口袋裡的存款可以支撐多久？

「支撐三個月？」一半的人舉手。

「支撐半年？」四分之一的人繼續舉著手。

「支撐一年？」再有一半放下手，全場只剩下八分之一的人還舉著手，其他人紛紛低下頭，一副不忍面對這個殘酷現實的模樣。

## 賺得多，花得多

我再問他們，周圍有沒有認識的人在疫情期間被減薪、放無薪假或資遣，他們全部都舉手。失業逼近到跟我們只有一肩之差，但是該恐懼的不是失業，而是存款

不足以支撐失業這段日子。年輕人負擔輕，容易找工作，牙一咬就撐過去；中年人不一樣，工作難找，待業時間長，卻得養一家老小，存款尤其重要。

可是我經常聽到有人嘻皮笑臉地調侃自己是月光族，除了可能薪水入不敷出，最主要還是自恃有工作，薪水每個月自動匯入，都有錢可用。像水龍頭一開，水流出來，誰會覺得水重要？自然不認為需要存錢。

等到失業了，用力扭水龍頭也扭不出一滴水，才知道發慌。這就好像只有碰到颱風停水，才會想到在浴缸儲水，我採訪的失業者不約而同都提到這一點，薪水不再進來很令人心慌，第一次真正認識到存錢的重要性。

在我的斜槓進階班學生當中，不少是在外商任職，年薪動輒兩三百萬元起跳，還有上千萬元的，領個十年或二十年，是一般上班族難以想像的龐大金額。任誰都不會想到當他們失業了，居然也會喊沒錢花！剛聽到時，我愣住了，怎麼可能？妙的是他們的回答如出一轍，都是兩手一攤說：

「賺得多就花得多，而且我哪裡會想得到像我這樣的人才也會失業……」

## 存錢，比投資報酬率更重要

遇到這種情形，老人家會告訴你，重要的不是你很會賺，賺了多少錢，而是你很會存，存了多少錢。全球首富每年排行上上下下，臉孔差不多，全部是創業有成，只有巴菲特是靠投資理財致富，他說，理財最大的錯誤就是沒有正確的存錢習慣，他更進一步解釋什麼是正確的存錢：

「不是花了錢之後，再將剩餘的錢存起來；而是拿到錢，先將要存的固定金額存起來，再去花剩下的錢。」

這個觀念，跟我曾寫過一篇文章談「存錢優先」是一樣的道理。一般人是「薪資減花費等於存錢」，這種人存不了錢；正確的存錢公式是將存錢放到優先位置，亦即謹守「薪資減存錢等於花費」，先存錢再花費。但是在這個時代，人人都能說上一兩招投資撇步，存錢似乎是再傻不過的事。那麼請你來看看以下這道投資老師出的題目：

「甲與乙的薪水一樣，甲每年存八%，投資報酬率只有一%，乙每年存一%，投資報酬率高達八%，三十年後誰累積的金錢比較多？」

一般人看的是投資報酬率，一定選乙，可是答案居然是甲，而且甲是乙的八倍有餘！可見得存錢比投資報酬率還重要，而時間又比資金多少更重要，所以趁早存錢是最需要養成的第一個理財習慣。

有存錢習慣的人都明白一個道理，無常就是正常，哪年沒有出個幾次天災人禍？應對之道唯有及早準備，亦即老祖宗說的積穀防飢，未雨綢繆。巴菲特在給投資理財下定義時，講的也是同一件事，他說，放棄現在的消費，換取未來想要的享受與生活。相反的，沒有存錢習慣的人做的是另一件事，初一十五燒香求佛，祈求上蒼讓他們無災無害，無病無痛過一生，殊不知無常比明天更早到來。

我的朋友經營不動產多年有成，以收租為生。二〇一九年中美貿易戰爆發，他自動降租，打了八折，留住所有房客；隔年新冠疫情來勢洶洶、一時不見平息的可能，再讓三個月不收租，房客一個也沒退。相對於其他同業被退租到不得不賤價拋售房子，資產大幅縮水，我的這位朋友幸運得令人眼紅。

## 打造大小收入安全網

他是怎麼做到的？做法只有一個，沒有任何負債，不論哪個天災人禍都動不了他一根汗毛，我笑著做結論：

「這時候，比的是誰的口袋深。」

可見得有存錢習慣的人每每都能逢凶化吉，再加上時間效應，變得有錢數倍一點都不難；而不存錢的人每遇一次天災人禍，就被洗劫一次，有錢也會變沒錢。

在前文提到的受訪案例黑手阿丁，由於產業特性，經常失業。而且跟老闆爭取加薪時，即使區區一百元，都像要拔掉老闆嘴裡的金牙似的，使得他認真思考未來，開始做兩件事，一是存錢，二是投資。他的薪水有七成是存起來的，真是太不可思議了！他的薪水不過三、四萬元，我連續問他三遍：

「你真的存七成嗎？」

「不存不行，經常失業呀！」

再來，失業過的人都知道，不能只有工作的收入。人吃五穀雜糧，哪有不生病或出事的？必須另外增加工作之外的被動收入；而且就算是工作，也不能只有一份工作、一份薪資，因為把所有雞蛋放在同一個籃子裡，是禁不起任何一個小小震盪。所以在疫情期間，我推出一個全新的線上課程，主題是「多職能收入養成攻略」，教大家怎麼打造大小兩份收入。

最危險的生涯是只有一份工作、一份薪資。一旦遇到失業，唯一的工作丟了，收入沒了，頓時陷入困境。假使有家庭，這個困境不是淒風苦雨可形容，而是狂風驟雨，連孩子都有可能失學。父母都是這麼想的，再窮也不能窮孩子的教育，因此千萬不要落到這步田地，讓自己悔恨不已。

藉此我提出「三足鼎立」的生涯觀，幫收入打造三支腳，至少有三個來源，分別是——

第一支腳：目前工作（我稱它是「單槓」，短期來說是大收入）。

第二支腳：其他工作（包括「兼職」與「斜槓」，短期來說是小收入）。

第三支腳：穩定的非工作收入（俗稱「被動收入」，像是利息、房租等）。

## 不同年齡，不同理財重點

趁早在年輕時存到第一桶金，再做進一步投資理財，不躁進、不盲動，下一步是趁早擁有穩定的非工作收入。雖然還不到財富自由的階段，但是遇到失業時，頭一低就能輕易閃過，就地站起來，而不是身陷泥淖，不可自拔。我整理出五個生涯階段，在工作與金錢各別需要做合理的比例分配如下：

1. 二十幾歲：工作＋學習階段
2. 三十幾歲：調薪＋存錢階段
3. 四十幾歲：高薪＋理財階段
4. 五十幾歲：被動收入等於主動收入
5. 六十幾歲：被動收入大於主動收入

股市下跌不是無常，而是正常的情況；想要成功投資，就是去適應股市的下跌，而不是離開股市，因為你不會知道下跌何時會發生，會跌多少，何時會再止跌回升。失業也是，我們要做的是適應失業，而不是離開就業市場。怎麼適應？有錢，人生才能自己做主，而優先存錢是邁向財富自由、人生自主的第一步！

# 4-4 轉角遇到它，彎一下路更寬

有些風涼話，講的是事實，甚至是真理。以被失業這件事來說，不論我個人或受訪的案例來說，都在告訴我們一件事：

「失業，是要我們暫停一下，然後轉彎，走出另一條路。」

在當下，很少人聽得進這句話，因為太刺耳！說話的人根本是不懂得被失業的心情，才會說出這麼冒失的話來。先來講我個人的經驗，不要看我是求職專家，其實我並不愛換工作，每家公司都做滿十年或二十年，其中只有古典音樂電台的工作做一年半。所以我每次換工作，幾乎是「被迫」，最後一次還是「被失業」。

## 時間，會給答案

我也是人，有感覺、有情緒，一開始是憤怒不已，後來事情過去，不必久，一年就夠，念頭不知不覺轉了，發現後來的工作我更喜歡，更有得發揮，這不就是我要的嗎？那麼我為什麼要停留在不愉快的過去，而不珍惜開心滿足的現在，給自己大大按個讚呢？

二〇一八年九月十八日，我被失業了，在line群組跟家人宣布這個消息，大弟回了一張賈伯斯的照片，寫道：

「終有一天，重返榮光。」

心底竄過一股暖流，但是心想在國營事業任職的大弟哪裡懂得我的心情？不過當時間之河緩緩流過，回首來時路，不得不驚嘆時間的力量，大弟的話彷彿預言般發生了！這兩年來，我出了兩本書，都在暢銷書排行榜上；同時我轉型了，走出一條全新的路，從職場作家跨度做斜槓教練，基礎班教過五千多名學生，進階班帶數百名學生實踐斜槓生涯，眼見就要有破百位成功斜槓誕生……

如果不被失業，我的人生不會改寫，不會有二十幾歲領兩萬多元的社會新鮮人、四十幾歲糾結於生涯危機的中年人、五十幾歲拿年薪千萬元的高階主管來感謝我：

「洪老師你是我生命的貴人！因為你，我有能力、有方法、有勇氣改變人生。」

工作的意義，不就是助人為樂嗎？有人說，把彎路走直的人是聰明的，因為找到了捷徑；把直路走彎的人是豁達的，因為多看幾道風景。失業，恰恰是把直路走彎，多少名人因此找到自己的路，發現無限的潛能，在舞台上發光發熱！所以失業是給我們時間停下來，把車燈擦亮，看清楚前方是不是我們要走的路。

## 名人失業，俯拾皆是

賈伯斯三十歲被自己創辦的蘋果公司踢出來，是大家最熟悉的失業故事。後來二〇〇五年在他最有名的一場演講，史丹佛大學畢業典禮，描述當時被失業的心境：

「我被公開出局了，生命中的目標就這樣消失，跟世界末日一樣慘！」人可以失敗，就是不能放棄。賈伯斯接著創辦電腦公司 NeXT，以及皮克斯動畫工作室，製作出全世界第一支3D動畫電影《玩具總動員》。近二十年後，賈伯斯重返蘋果，發表 iPod、iPhone 和 iPad，從此改寫人類的未來，也奠定他的歷史地位。著名媒體人布朗特．史蘭德（Brent Schlender）做了註解：

「沒有失業這個轉折，賈伯斯不會再攀高峰，締造蘋果傳奇的新篇章。」

我去日本東京一定要去迪士尼樂園玩，每次都玩得像個孩子一樣興奮尖叫，然而你知道嗎？它的創辦人華特．迪士尼年輕時，曾被一家報社解雇，編輯批評他「缺乏想像力，沒有好的點子」，沒想到後來他卻成為著名的電影製片人，為兒童建立起夢想王國。

二、三十歲這一代是看《哈利波特》長大的，作者J. K.羅琳因此成為億萬富翁，有一度比英國女王還富有。當她在國際特赦組織英國分會擔任祕書時，經常上班偷寫小說而被失業，還離婚成了單親媽媽，靠救濟金過生活。

歐普拉大概是台灣人最熟悉的美國電視女主持人，在WJZ電視台擔任晚間新聞記者時，製作人受不了她用充滿情感的方式來報導新聞，把她拔掉，調她去做一個白天的冷門節目，等於坐到窗邊去了……哪裡知道歐普拉這種風格對於節目反而恰如其分，一下子把節目炒熱，成了家喻戶曉的主持人。

看過電影《穿著Prada的惡魔》嗎？劇中的女魔頭據說是在影射《*Vogue*》雜誌的時尚總監安娜．溫圖（Anna Wintour），在時裝秀經常看到她的身影，頂著內卷的鮑勃頭，戴著超大的墨鏡，每走一步路，紐約時尚界就要震掉或崛起一個品牌。她在第一份工作《*Harper's Bazaar*》被失業，理由是風格太創新，之後她並沒有因此放棄風格，反而更嚴苛堅持符合自己的風格，她跟學時尚的學生說：

「我建議你們都應該被開除過。」

## 失業，不過是丟掉雞肋

連我最崇拜的龐克搖滾歌手瑪丹娜，也被失業過。成名之前，她在多家速食店與餐飲店當服務生，有一次不小心把果醬潑在顧客身上，被老闆解雇。這麼多名人的例子，表面上看起來故事各有不同，其實說的是同一件事：

那些工作根本不適合他們！

如果沒有狠狠讓他們失業，就不會走出自己的路，沒有後來成功的故事，所以我寫過一篇文章，很多人按讚與分享，標題是——

「失業，不過是丟掉雞肋而已，因為你想吃的是雞腿。」

所以沮喪什麼？失志什麼？都不必要啊，這是一個重要訊息，告訴你該離開這個令人厭煩的雞肋，去尋求令人垂涎的雞腿。我喜歡這句話，跟你分享：「命運不是一個機遇問題，而是一個選擇問題；不是我們要等待什麼，而是我們要實現什麼。」重點是，雞肋再等待下去，還是雞肋，什麼都不會改變。

前文提到的科理，在半導體行業做業務，因為績效不彰而被失業，心裡很是發慌，家裡還有媽媽要奉養，他並不是一個人飽全家飽。不過連續兩次做業務，不是行業不喜歡，就是表現不突出；而且他已經不做工程師多年，也回不去工程師這個職務，然而他想做的是跟人接觸的工作。科理靜下來去想，在做哪些事時，他是滿心喜歡的？

這是一個自我探索的過程，抽絲剝繭之後找到兩件事，最後決定找一個與旅遊相關的工作，下班後則發展斜槓，幫助別人了解自己，找到天賦，進而實現它。這時候科理已經四十歲，一切從零開始，科理仍然決定這麼做，因為失業讓他明白不能再重複不合適的工作，否則會永遠在歸零的狀態。

## 讀懂生命，找到天命

接著他來上我的斜槓課程，學習怎麼將斜槓進行產品化、商業化，後來他去考英文導遊與領隊執照，同時間也和朋友合夥創業，辦活動、開課程、做工作坊。他在說明自己斜槓的經營理念時寫道：

「乾枯的河，回到源頭，就是那顆心，最後流向大海，澎湃。」

這樣一個高度靈性的人，簡直是被高科技業給耽誤了，還好失業救了他，讓他在挫折中看到自己的天命，轉彎走向自己的路。人生總是會給你答案的，但是不會馬上把一切告訴你，只要肯停下來等一等，它就會在沒想到的時刻現身在你的眼前。不過你得先明白失業是一個訊息，去聆聽它，而不是忽視它。

如同每個人都擁有頭腦，卻不是每個人都善用頭腦；一樣的，每個人都擁有生命，卻不是每個人都能讀懂生命。失業，是讀懂生命的重要契機。

# 4-5 認清現實、接受現實、超越現實

我讀新聞系，畢業後從事採訪工作，寫事實是最基本的要求。過了五十歲，再度提筆寫文章，主要是寫職場問題。每次碰到讀者，他們都不約而同地說：「你的文章很犀利直白。」還在上班時，對面一家大企業的人資協理上班會碰到我，我們邊走邊聊，半年以後才說出心裡話：

「以前看你的文章都很尖銳，覺得你一定很難相處。」

「現在呢？」

「平易近人、親和力超強。」

## 直擊現場，痛出領悟

老實說，我一直沒有弄明白為什麼別人說我的文章犀利直白。我不是坐在家裡創作的作家，而是透過採訪寫出來的真人實事，我做的不過是反映事實而已，並沒

有挑偏鋒來寫。有時我會到商周網站我的專欄看看讀者都有哪些留言，那才叫犀利直白呢——比如有人說我應該去寫小說、做編劇，這世界上哪來這麼多殘酷的事，還不都是掰出來的。

漸漸我懂了……我的文章向來不走心靈雞湯路線，講的案例「劇情」不僅沒有粉紅泡泡，還每每要戳破泡泡，直直看進去有如經過菜市場雞販，聞到血腥味的現實世界。讀者心想已經夠懷疑人生了，洪雪珍還要寫文章來二度傷害，不看！不看！不看！但是你知道嗎？只要有一點年紀，或是經歷過一些遭遇的人，都會來給我加油打氣：

「洪老師你繼續寫，你寫的都是事實，年輕人一定要早點清醒過來才行，別等到中年就來不及。」

年輕人剛入職場，都是滿腔熱血，一心一意想要站在世界的中心呼喊自己的名字，唯有等到遇見挫折，才知道自己未必能夠徒手改變世界，但是世界一定會先把自己改變。在所有挫折中，失業對於人的自尊與自信是最具有毀滅力量，但也會讓人第一次接近現實。

人的智慧來自兩個地方，一是書本智慧，仰賴知識得到替代性經驗；二是街頭智慧，從第一線的身體力行中萃取出第一手經驗。前者看我的書就會學乖，後者得摔到頭破血流，才會仰天長嘆：「這就是人生！」失業是職場智慧結晶的速成方式，就像辛曉琪唱的「啊，多麼痛的領悟」，有多大的痛就有多大的領悟。

## 脾氣硬嗎？現實比你還硬

魯魯是肢體障礙者，聲音美，口條好，在地方電台做了十二年，一邊做主持人，一邊做節目部主管，月領五萬元，近十年前在小地方算是高薪，以為就這樣做到退休。卻在有一天發生一樁擦槍走火的事件，她就失業了……

事情是這樣的，總經理要參加競選，指名魯魯幫忙錄一支電台廣告。不巧的是這天魯魯感冒，聲音沙啞，擔心把廣告搞砸了，跟總經理推辭，可是總經理硬要她當天錄好。偏偏那天全家要給奶奶過壽一起吃晚飯，魯魯在萬般無奈下，留下來加班錄廣告。隔天總經理從外面打電話給魯魯，說她沒錄好，要另一名同事重錄。魯魯一肚子委屈，按捺不住，竟然回嘴：

「我昨天就說了，我感冒沙啞不能錄音，是你非要我錄不可，我還加班到晚上十點，連奶奶作壽也沒去。」

也許太生氣，魯魯竟然不等總經理回應，把電話掛了！可以想見在電話另一頭，總經理有多冒火！後來總經理沒選上，完了，魯魯就成了頭號戰犯，總經理要把魯魯炒了。魯魯不服氣，問總經理是工作哪裡沒做好，總經理卻說：

「像你們這樣（肢體障礙）的人，在外面根本找不到工作，用妳這麼多年，還不知道感恩！」

魯魯是個硬頸子，總經理看她沒有屈從的意思，便威脅把她調到外縣市，還撂下話：

「我看妳這樣（肢體障礙），怎麼去上班……」

本來電台還要苛扣資遣費不發，魯魯請親戚出面才拿到一半的錢，這還是小事，等到離職之後，魯魯才發現事情大條。她三十八歲，如果不在電台任職，魯魯算不上有一技之長，加上她右腿裝有義肢，很多公司都會先入為主認為她不良於行，工作機會少，能做的都是社會機構的約雇工作，薪水少，也做不久。

## 看清現實，才能超越現實

八年過去，魯魯的工作與經濟不穩定，磨掉不少稜角，過去一直認為錯在總經理，終於坦承錯在自己。她說，當時如果理直氣和，給總經理留面子，不至於會丟掉電台工作。另外，在電台工作，同事相互幫忙，她從不覺得行動不便，直到失業才知道在企業眼裡的真相：

「我就是肢體障礙，跟我自己想的不同。」

很令人氣餒，但是它反映的就是現實世界一般人是怎麼看弱勢族群。真相從來不存在於美化的世界裡，唯有面對現實，才能超越現實；唯有面對極限，才能追求無限。認清現實、接受現實、超越現實，是人人在職場必學的課題。

再來看另一個相反的案例，皮皮在商職畢業之後，進入民營銀行，一做十六年，以為會做到退休。三十八歲時，風聞銀行要被購併，人員開始縮編，陸續有同事被逼退。皮皮有多項技能，銀行有意把她調部門，皮皮卻認為被逼走是早晚的事，她告訴自己：

「如果現在不離開這個舒適窩，以後就等著被踢走。」

過去只要有新任務，皮皮都一馬當先承接下來，學了不少技能，歷任不同職務，從分行的第一線存放業務到總行的授信管理都做過，訓練是同事中少見的完整，後來還一邊進修到研究所畢業。最後一份工作是負責資料探勘，和資訊部互動頻繁。有跳船的念頭之後，皮皮便主動跟離職的資訊部同事連絡。

有人介紹，加上過去具相關經歷，皮皮找到全球四大會計師事務所之一的約聘工作，負責信用風險的系統模型。她直呼幸運，這兩年的任職讓她大開眼界，不僅培養技能、累積經驗，對於職場也有了迥異於以往的觀念思維，更貼近現實。皮皮說，自己以前固然認真負責，但是做的都是基本功，沒有做出亮點，她對過去的自我評價是——

「毫無價值可言。」

聽起來言重了，我不禁問她怎樣工作才算是做出亮點？她的回答讓我心裡暗暗驚呼，外商畢竟是外商，果然調教有方。她說：

「做屬下的亮點是，讓主管可以到老闆面前爭功，才有存在的價值。」

## 失業後，就聽得懂所有道理

跟著四處拜訪各式各樣客戶，皮皮見識到人外有人，天外有天，才知道以前只是一隻井底蛙，以為天只有井這麼大。這個衝擊，促使皮皮後來一直保持開放心胸，不斷學習，幾次都是新技能帶她順利轉換跑道，她說：

「多學一項技能，多一條出路。」

在銀行時，上層要大家學習ＳＱＬ語法，其他同事都是應付了事，學了並沒在使用，只有皮皮真的用來撈取資料，完全不必占用資訊部的時間，因此資訊部對她的印象極佳，自然願意推薦她去新工作，正好這家會計師事務所用的系統和銀行一樣，她便順利錄取了。

而且令人吃驚的是，推薦她工作的老同事曾經差點跟她吵起來，還好她的ＥＱ高，把原來火爆的場面控制住，讓工作繼續順利進行，日後反而相處愉快。說到這裡，皮皮特別強調，人脈很重要，每個人都可能是貴人，尤其求職時，因為——

「地球是圓的，誰知道哪天會用上呢？」

這些有如「生活常識」的道理，老生常談到耳朵都要長繭，在過去沒打算要換工作的銀行時代，皮皮總覺得事不關己，直到發生幾次「類失業」之後，警覺性提高，領悟到這些老人智慧都是顛撲不破的真理，要牢記在心裡，還要身體力行。

夢想很豐滿，現實很骨感。失業有如一根火柴，用力劃過去，才會跳躍出燦爛的火花，照亮現實的世界，讓人看清職場的真面貌。你無法選擇身處的現實，但是你可以選擇面對的態度。假使選擇直擊現實，就會發現現實不過是一張薄紙，一戳就破；假使選擇逃避現實，現實就是一座大山，擋住去路。該怎麼選擇，決定在於你。

# 第5章

# 失業不能預防，那麼能怎麼做？

## 就從準備好失業開始

「今天很殘酷，明天更殘酷，後天很美好，
大部分人死在明天晚上，看不到後天的太陽！」

——中國阿里巴巴集團創辦人　馬雲

多半的時候，我們都只想看見自己想看見的；而我們不想看見的，從來不存在，為的是好過些，不至於整天活得忐忑不安。不知不覺地，自我欺騙成為我們的生存之道，即便心底閃過一絲焦慮，我們仍然會心存僥倖，告訴自己不會那麼倒楣的。失業，就是這麼一回事。它其實有跡可循，但是我們堅持它純屬空穴來風。

原因在於今天已經殘酷到讓人懷疑人生，也就不願意再去多想更殘酷的明天。人生有如銅板的正反兩面，有就業，必然有失業。既然失業一定會在，發生的頻率也逐日拉高，每天憂心去預測哪一天會發生，還不如做好準備，有能力重起爐灶，幾年後又是一條好漢。

失業來之前，不會先按門鈴，所以我們要確定眼睛是張開的。看見危機，並且做點什麼。想要在職場永保安康，不是恐懼失業，而是超越失業，不為所困。

比如避免列入黑名單；或想辦法在公司擁有良好人際關係，讓自己運氣好一點；或不要去想做到退休的那一天，在報到當天就訂好離職日；或在公司的職銜之外，具有外部資源與聲望；或不妨來個小小職涯實驗，申請調職、負責跨部門專案，累積不同技能與經驗……

做這些事未必能完全預防失業，然而會讓人不那麼恐懼失業；當失業發生了，也還笑得出來，在轉角遇見新的可能性。

喬恩．柯爾（John Call）是知名的健身狂人兼特技表演者，有一次扭傷腳踝，七個月無法練習特技，他決定瘋狂練吊環。等到腳踝復原，開始練習特技後，發現吊環訓練為他的特技帶來不可思議的轉變，變得多元精彩。他說，有時候我們會遇到挫折，不過越早可以笑，越早能繼續往下走，因為——

「笑不出來，就輸了。」

# 5-1 認清一件事：It's just business.

這一章要談失業的預防，但是在一開始，我想給大家一個接近事實的觀念，就是失業根本難以預防。隨手舉幾個前面提過的案例，就知道什麼是「人算不如天算」。當有人被失業，未必是這個人哪裡有錯，或是哪裡沒有做好預防，有時候還真是運氣的問題。

## 盡了洪荒之力，還是發生了……

我們都知道科技汰換快速、產業更迭劇烈，不過就算跟著明星產業走，依然有跌破眼鏡的時候。像是國定從頂尖大學研究所畢業後，先是投入兩兆雙星的面板業，六年後面板業垮了；再轉換跑道到生醫科技，又是一個泡沫；接著台灣吹起太陽能風，業界一窩蜂投資，國定也順著風投入，熬了十年卻被失業。

他沒有努力選對行業嗎？有啊，結果他在被失業後說出最沉重的感言竟是——

「選對行業很重要！」

其實他是時運不濟，可是時運這種事，沒人抓得準。

再來看魯魯認真負責十二年，因為一場感冒而毀於一旦。總經理請她做一支競選廣告，她喉嚨沙啞，錄的效果不佳，總經理不滿意，另外找人重錄，還說了她兩句，魯魯不服氣，一時理智斷線，不知哪裡借來的熊心豹子膽，居然掛了總經理的電話，讓總經理懷恨在心，硬是要董事會攆她走。

你說魯魯不知道態度很重要嗎？都快四十歲的人，在職場打滾多年，當然懂啊！卻敗在一時衝動。多年來，魯魯始終想不通那天怎麼會做出掛電話這個舉動，她說：

「或許是鬼迷心竅吧？」

第二章提及的貝貝則是即使月領僅二萬六千元，仍然兢兢業業，公司對她沒啥好挑剔的，卻遇到先生罹癌，醫院不時來電要她處理這處理那，她必須請假。固然都是請特休假，但老闆回報的不是關心她、問候她、協助她，而是反過來借題發揮，指責她請假過多，工作不力，表現不佳，要她自己辭職走人。

丈夫生病，可能事先預知嗎？不可能！做太太的能夠一如往常埋首工作，置之不理嗎？不行！錯不在貝貝，她能預防的部分極少，因為如她所說——

「我盡力了……」

## 失業，未必衝著個人而來

還記得前面提到的「鯊魚夾大媽」嗎？她每天用鯊魚夾挽住頭髮不掉下來，卻渾然不覺這踩到老闆最敏感的那根神經，最後莫名其妙被消失。可是人資主管會告訴她真相嗎？當然不會，那是要挨告的。所以有時候失業這件事是「怎麼死的都不知道」；假使知道了，恐怕也死不瞑目，氣到要從墳墓裡跳出來。

這位人資主管告訴我，不少老闆是「性情中人」，辦起人來興之所至，她說：

「這種事，不時會發生。」

你看，要預防失業容易嗎？我們無法預知何時會發生在誰的身上，甚至連發生的原因也不一定有跡可循。當自己遇到了，不必過度自責，多半時候是公司有狀況，老闆有問題，或是一時倒楣，如此而已。同樣的，當家人被失業，更無需刨根挖底，非要追個水落石出不可，或是不斷責罵，落井下石，造成二度傷害。

我寫這本書的目的，是想幫助在生涯路上跌跤的人，用健康的心態看待被失業這件事。怎麼做到？第一個原則是認清失業是一個商業法則，如英文說的「It's just business.」它是凡正常運作的企業，都會根據營業目標做出來的正常行為。只要還在上班的一天，就有可能發生被失業，它是日常，不是無常；它是整體營運數字計算的結果，是站在有利公司發展的立場做出的決定，不見得衝著個人而來，或是指涉工作表現的好壞。

怎麼說？在我採訪的被失業案例中，多的是能力高強、績效優異的好員工，當他們被失業時，第一個反應都是——

「怎麼會是我？」

環顧四周，多的是能力低、績效差、態度消極的同事，而他們都留下來，走的竟然是自己，這才是讓人無法接受被失業的主要原因。不管原因合不合理、心裡服不服氣，每位上班族都必須明白，被失業不是一隻黑天鵝，而是一頭灰犀牛，牠一直在草原另一端，早晚有一天會衝過來，撞爛我們，踩扁我們。

## 感恩節的鵝

二〇〇八年金融危機前夕，出版了一本書《黑天鵝效應》（*The Black Swan:*

*The Impact of the Highly Improbable*），後來只要看似極不可能發生的事，就被稱為黑天鵝。作者納西姆・尼可拉斯・塔雷伯（Nassim Nicholas Taleb）說，黑天鵝具有三大特性：

1. 不可預測性。
2. 衝擊力強大。
3. 一旦發生之後，人們會編造出某種解釋，使它看不起來不如實際上那麼隨機，而更易於預測。

之所以用黑天鵝來做比喻，是因為十七世紀歐洲人都相信天鵝是白色的，直到一六九七年探險家在澳洲發現了黑天鵝，才改變認知。因此作者說，人類都是根據過去的經驗在做推斷，這種認知方式非常不可靠。像黑天鵝並非不存在，而是我們不知道它早已存在，才會認為它不可預測。

失業不同，它一直存在，我們也一直看到，它不是不可預測的黑天鵝。來上我的斜槓進階班學生中，不少是外商中階與高階主管，還有總經理。我從來沒在外商上班過，片面聽聞的都是他們的薪資高、福利優，而且工作忙，於是很好奇怎麼會想來做斜槓。很快我得到答案，他們一進公司就不斷看到前輩被資遣，使得人人危機意識升高。他們的結論一致，都說：

「被失業，是我們的宿命。能做的，就是準備好被失業。」

我都稱他們是感恩節的那隻鵝，被外商用各種好條件豢養，暴吃暴肥，直到感恩節那天，時間到了，就被殺了！相反的，我常形容本土企業的職員是溫水煮青蛙，對於未來缺少危機感，不知不覺，有一天就被燙死。比較起來，對本土企業的職員來說，被失業是黑天鵝事件，不是不可預測，而是根本沒在預測。對於外商員工，被失業是遲早的事，它是一頭灰犀牛，終有一天會往自己這邊衝過來。

黑天鵝指的是有些事，我們以為不可能發生，實際上卻會發生，並帶來巨大傷害，它是一個出乎意料之外的悲劇事件。但是灰犀牛不是，它一直在草原的另一邊漫步，我們都看得見，所以它是一個警告，只要做出適當的反應，都能夠減少灰犀牛的撞擊力，降低損失。可是多數人一邊看到這個既存的威脅，一邊毫無作為，因為我們都心存僥倖，想著：

「灰犀牛未必會往我這裡衝過來呀，想那麼多幹嘛！」

## 不是黑天鵝，而是灰犀牛

面對危機時，人類的反應太弱，紐約世界研究所主席米歇爾．渥克（Michele Wucker）為此寫書警告世人，書名是《灰犀牛：危機就在眼前，為何我們選擇視而不見？》（*The Gray Rhino: How to Recognize and Act on the Obvious Dangers We Ignore*），主要是在勸導世人與其惶惶不安，憂心不可預測的黑天鵝，還不如花時間處理明顯可見的灰犀牛。

一樣的，我要強調的是，與其把失業當黑天鵝去預測或預防，還不如做最壞的打算，認定它是灰犀牛，勢必會衝過來，做好準備就對了。我朋友的先生在業界叱吒風雲，舉足輕重，卻在一次組織重整之後被失業，有好幾年日子很難熬，僅靠朋友獨力養家，朋友都用母親的家鄉俚語安慰自己：

「永遠不知道頭上哪片雲會下雨。」

不要再預測或預防，管它是哪片雲，天終究是會下雨的，不想淋成落湯雞，就隨身帶把傘！

# 5-2 展現生存者姿態，從黑名單除名

被失業的人在第一時間，通常都會問：

「為什麼是我？」

回到家裡，親人知道他被失業，第一時間也會問：

「為什麼是你？」

等到開始找工作，面試的企業得知他被失業，第一時間則是問：

「為什麼不是別人？」

## 越優秀，越危險？

這讓我想到有個朋友跟先生提出離婚，過了好多年，她先生遇到我，心想我跟她前妻談得來，忍不住問我：「你知道她為什麼要跟我離婚嗎？」至今又是好多年過去了，我想他應該仍然沒想通怎麼被離的。像是歌手張清芳在結褵十五年之後，

訴請離婚，理由是在婚姻中沒有自我，我猜宋學仁也未必懂這是什麼意思。

在婚姻裡，經常聽人說「清官難斷家務事」；其實在職場上，被失業也是羅生門，各說各話，沒人能夠百分之百全盤掌握真相。即使如此，就像離婚有高危險群一樣，失業也有高危險群。

容易離婚的人大概具有以下這些人格特質，比如支配欲高、個性太強，或固執、性生活不和諧、早婚或閃婚、愛吃醋或多疑、來自單親家庭而不信任婚姻、男尊女卑觀念重等，我相信你一定同意，因為少有人能夠忍受跟這些人共同生活幾十年！一樣的，同一部門，有人被資遣，有人留下來，我們必須知道公司是怎麼做判斷的。

首先，一般人都會以為，缺乏一技之長或是表現普通的人容易被取代，這的確是事實；但是比較意外的是，高成就者也是被失業的高危險群。

想像一下，衝浪者在一個浪頭又一個浪頭之間穿梭，上去，下來，周而復始，技能高超，連心臟都要特強，才挺得過每次大浪的淘洗，不致滅頂。這類浪裡白條追求乘風破浪、高度刺激，屬於積極型工作者，他們的企圖心高、學習力強，根據關有「獵頭的日常」粉專的Lynn Lin說：

「他們的生涯循環周期，比其他人來得又快又短。」

通常在一個成長高點之後，這些人會快速進到「職涯高原期」（career plateau），成長停滯，工作無聊。即使如此，他們的績效仍然領先群倫，有一天卻突然被辭了。原來是眾所矚目的明日之星，一瞬之間殞落，這種充滿劇劇化的轉折，例子俯拾皆是，令人百思不得其解。

## 高峰，是毀滅的開始？

後來我讀了一篇研究報告，彷彿修行多年的老僧頓悟般豁然開朗。管理顧問喬治．帕森斯（George D. Parsons）與任教於史丹佛商學院二十年的學者李察．帕斯卡（Richard T. Pascale）共同進行研究，他們指出：

「成就超高的人才，在志得意滿時，最容易遭到意外打擊；原本看好的職場生涯，反而功敗垂成，提前黯然離場。」

這個現象有一定模式，稱為「高峰症候群」（summit syndrome）。好消息是提早發現，提早治療，就會好轉。至於明日之星的光芒是如何逐漸褪色的，可分為三個階段：

### 1.接近高峰的階段

工作逐漸駕輕就熟，由於看到成果斐然，動機加強，願意配合組織達成目標，攀上高峰。同時也展現出明日之星的架勢，前景看好，生涯呈現上升的走勢。

### 2.登上高峰的階段

此時已經不具任何挑戰，企圖心弱的人會順勢而為，企圖心強的人會再想辦法往前推進。但是對於工作的一成不變，難免有些厭煩，開始分心，會去看看有無其他工作機會，或是參加各種玩樂活動。

### 3.自高峰滑落的階段

原來緊繃的情緒鬆懈下來，不再滿懷雄心壯志，不再兩眼炯炯發光，別人看不到他們有新的戰功、新的亮點，眼見他們變得平庸，而他們本身也深感困惑，為什麼會迷失方向，失去重心。由於身處高位，卻做不出貢獻，而企業必須不斷前進，自然不再被重用，下場就是冷凍、調職、降級或資遣。

## 高處不勝寒，解凍有方法

很多人被失業，總是問「為什麼是我」，因為以能力與績效來說，還有比他們更差的人留下來。「高峰症候群」的研究幫我們指出癥結，原來問題不是出在能力與績效，而是不再有新戰功與新亮點，而它們正是明日之星得以持續強大，不斷施打的類固醇。還好，這項研究同時指點明津，給了我們四個建議：

### 1. 翻新致勝法則

過去戰無不克的致勝法則不靈了，老狗需要變出新把戲。

### 2. 與公司肩並肩

重新與公司的目標連結，跟組織肩並肩走在同一條路上。

### 3. 工作裡找抱負

找回消失不見的理想與抱負，將它們融入目前或未來的工作。

## 4.重新學習能力

學習新的技能與工具，磨利打仗的武器，迎向全新的戰局。

高成就者容易被列入黑名單，固然令人意外；倒是有另一種人也容易被列入黑名單，就不令人意外，嗯……可能帶來的還是驚喜呢！那就是跟老闆或主管唱反調，或是跟同事相處不愉快的人。

也許你經常聽到，或是你也會這麼抱怨：

「老闆（或主管）就是喜歡乖乖牌，聽話就好，能力其次。」

「老闆（或主管）就是喜歡馬屁精，會說好話最重要，我就是做不來。」

用大腦思考很耗損能量，因此我們習慣簡化所有的人與事，比如指人乖乖牌或馬屁精，或是說老闆（或主管）喜歡乖乖牌或馬屁精，這些說法雖然有助於理解，卻無法深究有些人為什麼不被重用，甚至被失業的客觀原因。我的忘年之交李益恭，做了三十多年外商人資主管，至今七十五歲了仍在輔導上班族，他說：

「要讓老闆（或主管）重用你，不是跟他們感情好，而是讓他們依賴你。」

## 表現像個「生存者」

我認識一個老闆，年輕時在一家小商店工作，沒客人上門的空檔，就擦門窗與櫃子，讓整家店晶亮發光；再把商品拿出來撣掉灰塵，看起來新穎無比；接著熟背每件商品的功能與故事……等到有客人上門，他用心地記住每個人，熱絡地叫出他們的名字，親切地做好服務，結果小店生意火紅得不得了。老闆自然高興，鼓勵他自立門戶，提供必要的資源，協助他邁開創業的第一步，他說：

「我先成為老闆的貴人，老闆再成為我的貴人。」

想要留下來，就要成為老闆（或主管）的貴人，讓他們依賴你，而不是變成仇人，讓他們想毀滅你。很多人相反，人前嗆老闆，人後罵老闆，還要委屈或鬱卒自己不受重用。凡是有理智的人都明白，想要生存下來，不被失業，就要表現得像個「生存者」，擁有三種人緣：

### 1. 顧客需要你

顧客若是不滿意你的服務，你就沒有業績，沒有產值，公司也就不需要繼續雇用你。就像上面這位老闆做到顧客愛死他，離不開他，指名要他服務就對了。

**2.主管倚賴你**

主管握有權力進行資源分配，如果他認定你的產值低，就會把資源分配給產值高的人。所以聰明一點，跟他維持良好互動，爭取更多資源，提高自己的產值。

**3.上層或同事支持你**

在裁員的關鍵時刻，一些流言蜚語都會產生十足影響力，而上層有力人士一句話更能立判生死，所以平常跨部門做些專案，協助大家，不僅提高能見度，也增加全公司上下對自己的好感度。

明日之星或是在上位者，有如股票需要不斷製造話題，拉抬行情；而話題就是翻越一座一座高山，打贏一場一場的仗。至於我們這些生存者，則像在超商累積點數換贈品，不斷收集人氣點數，不論來自顧客、主管、上層或同事，點數越多，位子就會越換越穩。在上者靠戰功與亮點，在下者靠態度與人際，就比較不會列入黑名單。

# 5-3 工作也有保鮮期，報到就訂好離職日

我的朋友全家出國旅行回來隔週，一通電話打到他的桌上，新上任一個多月的總經理請他去辦公室一趟。一坐下，總經理就打開天窗說亮話，請他退休，並且連退休日期都訂好了。朋友在心裡「喔」了一聲，接著下一秒聽到自己說：

「沒問題。」

可能是朋友的態度太乾脆，啟人疑竇，或是處理辭退的時間太短，短到令人不知所措，得湊長一點，總經理接著跟他多解釋了幾句，於是說——

「你的階段性任務結束。」

## 用的時候，終身制；不用的時候，任期制

朋友在這間公司前後工作二十年，總公司十年，子公司十年，升任至副總經理。在這麼長的任職期間，公司有新的任務，他經常是救火隊，都不負使命打了

漂亮的一仗，也被指派過多次任務，他不明白為什麼獨獨這次是階段性任務，而且

---

「聽起來好像是一張便利貼，用完就丟。」

不過他沒對這個說法較真，因為過去他也曾請幾位屬下離職，知道這是一個艱難時刻，沒有人喜歡做這件事，說出來的理由也不會是真的。我也是第一次聽到這個說法，感覺上滿「現實的」。後來我讀到哈佛大學組織行為學博士勞倫斯．史帝柏（Laurence J. Stybel, ED.D.）發表的文章，有了不同的想法。

史帝柏分析，隨著專案管理風行，越來越多開出的職缺都是任務，有一定任期，等到這天來了，完成任務了，就高高興興拿錢走人。特別是高階主管被請來，都代表公司那個時期有任務要執行、有目標要達成，因此當任務完成，任期自然到了，雇傭關係就結束。公司與員工都清楚截止時間，各自心裡有所準備。

問題來了，我的朋友任職二十年，經手多項任務，一個一個圓滿完成，從來沒人跟他談什麼約定，卻在二十年後突然對他說階段性任務結束，他不免要像電影《人在冏途》的牛耿張眼四望說：「現在是什麼狀況？」事情發生時，朋友五十八歲，是台灣平均的退休年齡，我笑著調侃他：

「不是時間到了，是年紀到了；不是任務有階段性，而是用人有階段性。」

這就是產生誤會的地方。多數員工並不是被找來負責一個有時間性的專案，做完就走人；也不是被找來當高階主管，說好有一個任務要執行，彼此可以事前協商，任務完成後是解聘或續聘，條件各是如何。相反的，大家都是到一家公司做著做著，並沒有談到什麼階段性任務，更不用說任期，顯然朋友屬於後者。

## 終身雇用心態，有三個陷阱

這帶來一個反思，當員工在同一家公司一做多年，很容易產生「終身雇用」的心態，依據史帝伯的研究，這會讓人掉入三種常見的陷阱。你是不是有一種熟悉感？如果是，該是時候了，我們需要靜下來問問自己，想掉入這三種陷阱嗎？不想的話，就狠下心告別「終身雇用」的思維，用正向的態度看待被失業這件事。

### 1. 喪失身分的陷阱

這種人過度認同工作，認真負責、積極投入，不時會聽到同事或客戶告訴他：「公司不能沒有你！」而他們也信以為真，最後成為工作本身，兩者合而為一，他對自己的身分認同就是公司給的那張名片。由於認為自己在公司不可或缺，當被失業時，自我認同毀了，自然是勃然大怒、痛苦萬分，甚至想要報復。

## 2.喪失家人的陷阱

與同事朝夕相處，再加上患難與共，具有革命情感，情同手足，發展出「第二家庭」的關係。當被失業時，原來的同事為了避免被牽連而與之疏遠，這會讓他們不僅失去家人，也感到被背叛、孤立與離棄，而難以接受，並且悲傷失落。

## 3.喪失自我的陷阱

這種人通常個性內向，被失業時，不會大吵大鬧，也不會爭取權益如遣散費，而是靜悄悄地離開，消失在路的另一頭。比較令人擔憂的是，他們後來求職會有向下流動的傾向，找些低於自己條件的工作，發展就會越來越差。

我們常開玩笑說，認真就輸了，就像流行歌曲唱的「愛過了你，傷害了我」，沒有愛過就不會有傷害。職場也一樣，被失業之所以傷人至深，原因在這裡，員工以為要說好一起變老，怎麼才走一半就談分手？你說全然只因為員工傻嗎？痴嗎？

並不是，在過程中，公司的確有「欺騙感情」之嫌。

## 各有各的時間表，誤會大了

不論美國或日本，都有調查指出，當員工到公司報到，大多數心裡想的都是做到退休，好端端的沒人會想離職，因此說起來，「終身雇用制」最符合人性。問題來了，好比一個人原來打算睡八小時，結果睡四小時就被喊起來離開床，會不會有下床氣？當然會有！一樣的，當一個人滿腦子想的是做到六十五歲退休，卻在四十五或五十五歲時被要求離開，會不會憤怒？當然也會！

看來，公司與員工各有各的時間表。現在沒有公司在實施「終身雇用制」，錄用員工是有保鮮期的，但是員工多半沒有意識到這點，一踏進公司就想在此終老。這未必全是員工的錯，因為公司在態度上與說法上也不老實，造成員工錯覺。

你想想看，當員工來報到第一天，沒見過有公司明白告訴員工：「喂，醜話說在前頭，我沒打算養你到退休！時間到了，你得自己走人。」這是他們的心底話，卻絕對不會說出口，為什麼？因為說了，員工不會安心！

公司還會更進一步放上一個階梯，讓員工寄望於未來，期待有朝一日爬到最上層，因此努力衝刺，做出最大貢獻。一旦員工的青春年華用完，梯子一抽，摔下來，還被掃地出門，當然覺得受騙。你說，公司跟愛情騙子有什麼差別？

如果上班和談戀愛差不多，我們要去想的是怎麼享受愛情，卻不被愛情傷害。很簡單，報到當天就訂好離職日，自己主動採行任期制。當然，我們也不傻，別跟公司說出這個祕密。我就遇見過有人真是這麼做，好處不少，令人羨慕的是做得開心，也越做越高位、薪水越領越多。

這是微妙的心理轉折，彷彿給了這個人一把鑰匙，走向另一扇門，開啟不同的世界。他每做一份新工作，報到當天，便在行事曆上的兩年後同一個日期寫上兩個字：「離職」。他說這讓他有「時間感」，具體清晰地知道在這兩年要學習哪些技能、累積哪些經驗、得到哪些成就，下一個兩年要跳到哪裡。

## 不做的最大！

至於其他同事，他說多半是「三等公民」，每天等下班、每月等發薪水、這輩子等退休，渾渾噩噩。他搖搖頭下結論，下一步應該是等報廢。他不一樣，他說：「我要做多久，不是公司決定，而是我說了算。」

兩年一到，他遞上辭呈，毫不留戀地走人。從二十五歲到現在三十八歲，已經換過七家公司，目前是一家公司的協理，年薪可觀。不過眼見要四十歲，還能這樣換工作嗎？他說，依照自己的能力看來，換到五十五歲還是炙手可熱，但是現在職位高、責任大，要建立戰功，必須延長至三到四年再談換工作。他說：

「總比等著被辭來得有行情。」

每份工作都是一個專案，每次報到都像參加一場派對，十二點鐘聲敲響，一切回到原點，馬車變回南瓜。不論嚴肅的專案或歡樂的派對，都有明確的結束時間，切忌有終身雇用的心態，以免在被失業時感到一無所有，失去身分、家人與自我。怎麼預防被失業？化被動為主動，自己決定任期多久，將主導權握在手上。至於最後要不要離職，自己都是拍板做決定的主人。

不做的最大，不是嗎？試試看，你會發現上班族可以不必活得那麼憋屈，而且更有競爭力，更值得待價而沽。

# 5-4 好個性幫你創造好運氣

我的個性內向害羞，不善言詞，也不喜社交，到人多的地方就不自在，生面孔見多了會想拔腿溜掉，這在生涯發展上是一個致命傷，想當然耳也擋掉很多機會。要知道我這情形有多嚴重？連最關心我的學姊邀我見面，我都要焦慮個幾天，琢磨見面時要談哪些話題才不致場面冷掉，你說是不是要笑掉人家大牙？

可以想見，幫我出書的出版社有多頭疼！一般作者出書，會有一段時間要出來打書，我的規矩多，不上電視、不去讀書會、不公開演講、不辦讀者見面會，最多是上電台接受專訪，好像我很大牌，其實不是，而是這些場合會讓我緊張。被失業那個月，恰巧新書上市，出版社小心翼翼詢問我：

「我知道你不想去，不過北中南各辦一場演講是最低限度，你看呢？」

## 給我機會的人，應該比我害怕

我在電台與報社做了十二年行銷主管，舉辦過無數膾炙人口的活動，我懂得自己的角色與責任，於是點頭說好，不過特別交代別再增加場次。他們終於鬆了一口氣，因為幫我出第一本書時，我只答應了一場。哪裡知道當時這個應允改變我後來的生涯！台北場演講之後，讀者大排長龍購書簽名，就在我不斷坐下簽名、起身拍照的當下，有位身高一七〇公分的女生遞上名片問我：

「可以請您教課嗎？」

我愣了一下，在好奇心驅使之下，反問對方：

「你覺得我可以嗎？」

對方說當然可以，這更讓我好奇心大發！我不會說話也不愛說話，連出書辦演講都如此勉強，自然從未想過要教課。不過我有個地方跟別人不一樣，生活上是個膽小鬼，工作上卻是個什麼都想試，什麼都敢試的洪大膽。加上我後來領悟出一個道理，當別人找我做事時，就算我從未做過也不必怕，因為——

「怕的應該是對方，他都不怕，我怕什麼呢？」

後來見面討論，對方在聽我對於就業市場的分析之後，問我台灣的問題在哪裡，我說三個，青年低薪、中年失業、老來求職。她再問我該怎麼解，我說政府無解，只能靠上班族自己解，而唯一解是做斜槓。下一秒我們就決定開斜槓課程，祭出一套有系統的方法論，教上班族做斜槓，然後她說：

「你就是台灣上班族的救星——斜槓教練。」

## 運氣比能力重要

救星聽起來令人害羞，但是我喜歡「斜槓教練」這個名稱，也願意為每位學生花一年時間陪同與督導。第一年，來上進階班的學生是預期目標的三倍，市場反應熱烈，從此在職場作家之外，我有另一個新的身分，跨度到成人教育領域。教了十八個月後的今天，回想起來，真心想跟大家分享一個好運祕訣：

「到人多的地方，貴人就在那裡。」

你想想看，如果我堅持不辦演講會，就不會遇見開課公司的主管；如果我一點都不好奇教課是怎麼一回事，就不會見面討論；再來，如果我認為天生不善言詞，一輩子就不善言詞，執著於固定心態，不是成長心態，就不會接下教課的邀約；如果我不肯冒險，害怕失敗與丟臉，在前期遇到困難時，很容易就會放棄……足見好運不是單一事件，而是一串連鎖反應累積出來的成果。

這個經驗的可貴，也在於我找出自己被失業的原因，我的個性太內向，人際太被動，表達太怯懦。要知道，越是有實力、有績效的人，越是要運氣好一點，令人慶幸的是好運是可以培養的。假使你現在有被失業的危機意識，尤其要「強運」，扭轉乾坤，改造命運。不論最後是否留下來，你的未來職涯都會更好運！

投資策略專家麥克·莫布新（Michael Mauboussin）說，科技不斷進步，人與人之間的能力差異逐漸縮小，不能再單獨以能力勝出，運氣反而是贏的關鍵。像是奧運馬拉松的第一名與第二十名，一九三二年相差二十分鐘，二〇〇八年縮小到只差八分鐘。職場上，也經常出現兩人能力不相上下的情況，比的是誰的運氣好。他說：

「因此，我們要學會將『運氣因素』轉換成『能力因素』。」

## 這些人比較好運

這話指的是成功要靠運氣，而運氣有方法培養成能力。因此有一陣子我在研究

「科學化的運氣」，書架上有一排這類書，多半是心理學家著述，有各種實驗與理論支撐。內容大同小異，運氣好的人大概不脫幾種鮮明的人格特質，比如：

1. 主動者比被動者運氣好。
2. 外向者比內向者運氣好。
3. 輕鬆者比嚴肅者運氣好。
4. 樂觀者比悲觀者運氣好。
5. 好奇寶寶比不好奇者運氣好。
6. 冒險者比不冒險者運氣好。
7. 直覺型比思考型運氣好。

心理學家做過實驗，在咖啡店門口地上放了一張紙鈔，反應大約有兩種，第一種人撿起來進到咖啡店，買了兩杯咖啡，其中一杯請鄰座喝，兩人聊了起來，輕鬆且開心；第二種人則是視若無睹，繼續往前走。事後心理學家問他們：

「今天過得怎樣？」

第一種人說今天過得很棒，第二種人說今天普通。你注意到了嗎？第一種人吻合上面七種特質中的多項，比如主動、外向、輕鬆、冒險、直覺；第二種人則是嚴肅、不好奇、不冒險。重要的是，你屬於哪一種？如果是第二種人，想要運氣好，就要提醒自己做出個性上的改變，像是內向變成外向，被動變成主動等。

## 好運，藏在人群裡

再來你注意到了嗎？運氣好的人喜歡人際互動，包括跟旁邊的陌生人攀談。德雷莎修女將其後半生奉獻給印度，照顧愛滋、痲風與結核病患，獲得諾貝爾和平獎，受世人景仰。唯一爭議的是，她來回印度與英國都是搭乘頭等艙。為什麼？因為她很多捐款來自搭機時的頭等艙乘客。這是製造好運氣的開始！

關於這點，我也很厲害。不論在哪裡，都能夠自然地跟旁邊的陌生人聊起來，我先生經常問我：「你跟那個人認識嗎？」我回答不認識，他都再三警告，這個習慣太危險了。這跟我生性好奇有關，倒不是個性外向所致。我有個閨密是念高中時搭公車聊出來的，後來大學畢業找不到工作，她爸爸給了我一個兼職機會，讓我免於畢業即失業。好運藏在人群裡，人生很多機會，都來自這些不可思議的弱連結。

當山雨欲來風滿樓，公司下一步可能購併、縮編或裁員，我們要表現出來的不是愁容滿面，相反的，要輕鬆一點，幽默一點，讓別人喜歡我們；而且不要自掃門前雪，而是主動擔起「企業內公民」角色，看看哪裡有需要幫忙，盡一份綿薄之力。這份熱心，大家看在眼裡、記在心裡，等到要列黑名單，自然有人會站出來幫你說兩句好話。這時候，比的不僅是能力與績效，還比運氣，你就勝出了。

為了生存下來，要你這麼做，好像要你違反本性，也顯得虛偽，或許你不屑一試。但是往好處想，這是一個試煉的機會，推動我們改掉一些以前不合時宜的個性，變得外向、合群、風趣、熱心，提高能見度與好感度，讓自己變得更好。長久來說，有助於運氣變好、生涯順遂，不就應驗了這句話：「危機就是轉機？」

個性可以改變、好運可以創造。誰都不可能什麼都不改變，卻要獲得不一樣的結果。做沒做過的事叫成長，做不願意做的事叫改變，做不敢做的事叫突破。感謝上蒼，給我們一個風雨飄搖的時刻，看見自己的不足，勇敢做出改變，讓我們更喜歡這個自己。英國小說家喬治．吉辛（George Robert Gissing）說：

「要成長就必須改變，而改變也意味著我們必須冒些風險，從已知領域跨入未知的境地。」

# 5-5 打造個人品牌，發給自己一張王牌

安妮的部落格取名「安妮超乎想像」，沒錯，她真的超乎想像。她可以煮出一桌料理，在台北私廚舉辦多次派對，由她掌廚；她讀財金，在金融業工作二十多年，開投資理財的私塾；她還教泰拳，做志工帶領一群孩子一起練；彈鋼琴、拉大提琴之餘，她的烘焙手藝也是師資等級……

安妮曾經是金融圈的高階主管，每年要帶團隊做出二十億元營業額，可是在五十二歲那年一怒之下掛冠求去，之後長達兩年找不到喜歡且合適的工作，有一陣子她頗為懷疑人生，不可置信地自問：

「我，安妮，竟然沒人要？」

## 改變生涯路徑

外商的高階職缺本來就稀少，每次獵頭一定推薦安妮，不過總是被打回票，理

由不外乎兩個：「有點資深」、「薪水太高」。安妮不缺錢，但是缺工作，她是那種不做事會不知手腳往哪兒擺的人，而且兩個孩子在讀大學中，她想做他們的表率，讓孩子明白失業不是危機，而是轉機，於是告訴自己：

「找不到企業的工作，看來我得靠自己做點不同的事。」

正好這時候，她看到一名韓國電視製作人分享自己的故事，談如何從寫作起步，經營自媒體，開展斜槓人生。安妮從小最討厭國文課及寫作文，在受到這位製作人的啟發後，在二〇一九年八月開了部落格「安妮超乎想像」，走心情筆記的路線，什麼題材都寫，但是不曉得要聚焦，以致粉絲成長緩慢。

以前安妮會在網路上閱讀我的文章，覺得犀利直白，很合口味，於是報名我的斜槓進階課，對於寫作有了更進一步的掌握。

在課堂中，我鼓勵同學不僅要經營自媒體，還要想辦法爭取開專欄，最好能夠出書，因為出書是最大的名片，有助於奠定在專業領域的江湖地位。下課當天晚上，安妮盤點了自己擁有的人脈資源後，打了幾通電話，隔天搖身一變，成了一家國際性網站的專欄作家，行動力之強，令人五體投地。

沒多久，安妮再以驚人的速度開出兩家大媒體的專欄、與人力銀行合作教人英文履歷與面試、陸續有出版社來邀請她寫推薦文。機會，有如過年放連珠炮，一個個劈哩叭啦炸開來，應接不暇。有一天在安妮的部落格上面，我看到她發文，標題是——

「不是你不夠好，而是你沒讓別人看見你的好。」

## 個人品牌，帶得走的資產

在過去兩年，安妮的優秀與完美未曾稍減一分，機會卻總是與她擦肩而過；在上過我的課之後，抓到網路寫作的要領，加上原來就超強的行動力，致力於經營個人品牌，讓別人看見她的優秀與完美，機會便一個個來敲門。安妮特別強調我是她的貴人，哪裡是呀？她的真正貴人是她的個人品牌！

以前我還在公司上班時，見到人第一件事便是遞上名片，別人第一句話一定念出公司名稱：「你在○○○喔？」接著第二句話是「你做○○○。」而多半的人都忘記念出我的名字。即使念出名字，下次再見面，可能還是記不得。但是如果公司夠大，對方通常會說：「我記得你在○○○任職……」然後呢？然後呢？沒了。

當有一天離開公司，沒了這張名片，「我是誰呢？」這是一個尷尬的問題，因為發現沒人在乎。這同時也是一個悲傷的問題，因為連自己也沒有答案。打從學校畢業，努力工作，做出成績，奉獻幾年或幾十年的歲月，想的無非是證明自己是誰。結果，不過換來名片上印的那兩行字，公司與職務名稱。這時候不禁自問：

「拿掉公司與頭銜，我還剩下什麼？」

這個問句，用來檢驗生涯安全再簡單不過，啥都不剩就會害怕失業，而一旦失業就害怕一無所有，使得生涯充滿各種害怕。當然，很多人會說自己具備哪些技能，有哪些經驗，做過哪些成績，但是只要超過八個字的描述，就沒人聽得全、記得牢。因此要想出一句話介紹自己，個人品牌是最好的記憶點，具有獨特、鮮明，以及容易被感知的特性。美國管理學者湯姆．彼得斯（Tom Peters）說：

「二十一世紀的工作生存法則，就是建立個人品牌。」

在被失業之前，我有三年是窗邊族，負責非核心業務，包括內容經營、公關活動，以及臉書經營。公司沒給資源與預算，我就開始寫作，主題鎖定求職、職涯與職場，發給各大媒體，目的是幫公司網站導流，哪裡知道無心插柳柳成蔭，竟然是自己紅了！三年出五本書，別人稱呼我時，不再是公司的副總，而是——

「這位是職場作家洪雪珍。」

## 成名，少奮鬥十年

成為職場作家，讓我體會出老祖宗說的「禍福相倚」背後蘊含的深意。三年後被失業，還好有這個個人品牌當強而有力的靠山，助我一臂之力，跨到另一個維度，做起斜槓教練。企業靠品牌永續經營，我們上班族靠它預防失業。有了品牌做後盾，上班就會底氣十足，不致惶惶終日，擔心大刀劈向自己。

早在二十多年前，就有人提倡打造個人品牌，直到近年社群平台興起，人人都能經營自媒體，這個理念才算是真正落實。對於上班領薪水，這是一個最壞的時代，青年低薪是全球現象；對於下班領第二份薪水，倒是一個最好的時代，為什麼？因為只要有心，夠勤快，每個人都能打造個人品牌，賺取第二份收入。

有沒有品牌，差很多！百萬微信訂閱公眾號「Spenser」陳立飛，快三十歲時，從中國到香港讀書，開啟公眾號，每天發文，累積出百萬粉絲，四年出版三本書。畢業後，他開投資公司，第一個客戶便是他的粉絲。因為這些粉絲，讓他能夠在房價一平方米二、三十萬港元的香港活下去，而且自評活得還不錯。他在書中的自序寫道：

「沒有寫作，我可能要多奮鬥十年。」

我有個親戚要辦離婚，南部律師開價五萬元，她非得要上台北找一位近年經營自媒體有成、粉絲數十萬的律師打官司，要價三十二萬元，足足六倍多！為什麼呢？她的理由是有名氣讓人心安，收費貴沒關係，官司打贏就好。因此一邊上班，一邊努力打造個人品牌，帶來至少三個好處，都是當員工無法累積的職涯資本：

1. 擁有高知名度：好工作會主動來敲門，在薪資上具有喊價權。
2. 擁有可信賴度：別人提供的資源相對增多，成功機率大大提高。
3. 擁有龐大粉絲：人流等於錢流，失業後不論做什麼事，他們都是潛在客戶。

## 站在風口，豬都會飛

教課時，我經常跟上班族呼籲，當我們在擦亮公司招牌的同時，別忘了也打亮自己的品牌，現場一定會出現兩種反應，第一種是點頭如搗蒜，眼睛發亮；第二種是像被武功高手點到穴道般似地動也不動，不知道該點頭或搖頭。為什麼呢？我懂！他們擔心被公司發現就完了。

其實這是一個很容易解決的問題，用個筆名或藝名，不要露臉，不要走漏風聲讓同事或主管知曉即可。我有幾百名學生在做斜槓，只要遵守這些規則，至今沒人被公司發現，可見這個問題是杞人憂天的成分較大。相反的，我見到比較多的情況是筆名或藝名紅了，收入是本薪的好幾倍，索性辭掉工作，專心經營個人品牌的事業，最後都發展得比上班更好。

口袋捏著一張王牌，就不怕拿到滿手爛牌。這張王牌，就是你的個人品牌。在人人都有機會走紅的時代，站在風口，眼見要飛上天，誰還去在乎地上？抓住時代風向，比抓住一份工作還聰明。你可以繼續害怕失業，或是想破腦袋預防失業，但是也可以積極發給自己一張王牌，打造個人品牌。汽車大王亨利．福特（Henry Ford）說：

「無論你相信自己做得到、或做不到，你都是對的。」

# 5-6 啟動你的職涯小實驗

開始教課之後，我發現上班族普遍有個現象，他們不是不學習，相反的，他們學習之多每每讓我嘖嘖稱奇，心想現在上課的費用動輒數千、數萬元，算一算還真是花了不少錢！我問他們，學這麼多，是想要做什麼嗎？得到的反應不脫這個：

「不知道要做什麼，先學起來再說，也許哪一天會用得到。」

喔喔，都學兩三年、四五年了，應該想到要做什麼了吧？他們再回答：

「有想到，但是還在想……」

## 工作要做了，才知道合不合適

這個心態跟安太歲沒兩樣，有安就有保庇，有學習就表示積極進取，有在努力想要改變人生。但是沒去做，夢想等於空想，不過是在殺時間而已。美國有個調查，每年大家都會訂年度計畫，最終完成的人占多少，你猜猜看？

答案是八%！

所以一般人的問題，不是不做計畫，而是行動力不足。上班族為什麼會熱愛學習？除了學習本身豐富人生，拓寬視野，還隱藏著一個渴望，做一個周全的計畫，學得一項新技能，再來換工作。這也是多數人在轉換職涯時，習慣依循的舊模式，結果有兩種：

1. 做了一堆計畫，學了一堆技能，卻始終沒開始投遞履歷。
2. 換工作之後，發現這個工作根本不是自己想的那樣，於是又想換工作。

歐洲工商管理學院組織行為學教授艾米妮亞・伊貝拉（Herminia Ibarra）著有《轉業聖經》（*Working Identity*）一書，根據她的分析，一般人轉職都是採用「計畫與執行」模式，先想清楚再行動，就會發生上面兩種結果。相反的，她在研究中發現，採取「測試與學習」模式，先去做一個非正式的工作，取得「工作身分」，連結相關人脈，反而容易得到正式的工作機會。她說：

「夢幻工作只是夢幻工作，必須測試之後才知道夢幻會成真或破滅。」

採取「測試與學習」模式，看似繞了一個大彎，卻證明這才是找到理想工作的捷徑。因此伊貝拉教授建議，在不影響目前工作之下，先來個小小的實驗，嘗試新的職業角色，比方下班後從事策略性的兼職，或是參與跨部門專案，或是到公益機構擔任無償的幹部職務等。所以伊貝拉說：

「放棄完美的計畫，並接受崎嶇的道路。不可思議的，轉捩點就在這裡。」

## 與其升遷，不如流動

人生是永遠的測試版，職涯也是。在預防失業這件事，為什麼要鼓勵大家「測試與學習」？盧世安是「人資小週末」的創辦人，這個社團擁有數萬名台灣的人資從業人員，很多人資在遇到轉職的抉擇時，經常會來找盧世安諮詢，請教他意見。在處理過幾百個轉職案例之後，盧世安由衷發出一個感慨：

「最棘手的案例，莫過於在一家公司同一個職務做了十年至二十年。」

這類上班族，從頭到尾沒有其他產業的歷練，也沒有其他工作的訓練，當產業沒落，或是職務消失時，又碰到步入中年，腹背受夾，簡直無路可走。只有到了這個時刻，他們才驚覺要走出既有舒適圈，進行轉職，有多麼寸步難行。所以重點來了，在職場上，任何人都要有培養「職涯流動力」的觀念。

在過去，一般人認為要有出息就是往上升遷，職涯發展成了一把梯子。但是依照組織管理學，一名主管最適當的管理範圍是六名屬下，七個人當中只有一人會當主管，梯子根本不是大多數人職涯發展的路徑。何況組織越來越扁平化，更少人能夠升任主管。

貝弗莉．凱伊博士（Dr. Beverly Kaye）是現代職場績效研究的權威，在著作《不升遷也可以》（*Up Is Not the Only Way*）中說，既然如此，就未必要追求往上升遷，改為像水一般往四處流動，具有更豐富多元的能力與經驗，她稱此為「職涯流動力」。怎麼培養？她的建議與伊貝拉教授一樣，先小小實驗一下，看看合不合適，再決定是否要換新工作，符合一般人習慣在穩健中追求成長。這樣的做法，不冒進，風險低，接受度也高。

這是有事實根據的，依據政府統計，十年來台灣有兩種職業的人數在減少，一是作業員，是自動化與工廠外移的結果；二是主管！你沒看錯，不僅是台灣，全世界的中間主管都在減少，當主管一點都不安全，升遷的梯子會一一被移走。相對的，職涯流動力反而是務實可靠的競爭力，假使有一天被失業，將有助於自己快速融入其他職務，展現令人眼睛一亮的即戰力。

## 至少有兩至三個產業歷練

可以怎麼做呢？凱伊博士說，想像一下我們是怎麼做健身操的，比如：

1. 兩隻手向上伸展

想想看目前主管在做的事情中，有哪些是自己想做的，不妨主動跟主管溝通，表示願意多分攤一些他的工作。

2. 兩隻手往外伸展

想想看同事的工作中，有哪些是自己想學習的，可以跟主管溝通，幫對方承擔部分工作。

3. 整個人向下伸展

想想看哪些事情可以授權出去，藉此讓自己有些時間跨到其他領域，而同事也有新的學習機會。

**4. 整個人側向伸展**

想想看有哪些能力是可以教導其他人，主動爭取當講師或教練，協助別人成功，也增加自己的能見度。

人性喜歡變化，讓工作豐富化，讓能力流動化，令人感到新鮮有趣，找回許久不見的興奮感。這種做中學，遠比去上課學習來得有成效，而且成為多功能型的人才，也足以預防被失業。就算是被失業，履歷表也能夠寫得精彩好看，提高面試的機率。

美國ghSMART管理顧問公司彙整超過一萬八千名高階主管的資料，出版一本書《隔壁的CEO》（*The CEO Next Door*），提到這些人被失業之後，能夠在六個月內找到新工作的，有九四%之前已經具備新工作所屬產業的經驗。因此他們建議，在職涯早期最好能夠累積二至三個產業的資歷，目的是增加幾個跳板：

「一旦被開除，就有好幾個產業作為選項，而不是困在唯一領域裡動彈不得。」

可迪在大學讀政治，雖然不是旗手，走在前頭搖旗吶喊，但也是一個主動型的社會參與者，一直希望自己做的工作對社會有所貢獻。她輾轉跳槽至一家全球性大企業，在公關部門任職五年，可迪注意到公司越來越傾向錄用二十多歲新鮮人，危機意識不斷升高。由於未曾間斷與獵頭保持聯繫，她清楚一個殘酷事實：

「同個職務做五年或十年，面試時的評價都是一樣，再做下去並不會加值。」

## 預寫五年後的履歷

於是可迪停下腳步，空出時間描繪未來，發現自己想調職到CSR（企業社會責任）部門，並且決定直接採取行動。這時候可迪已經三十五歲，來到一般大企業用人的極限，顯然不宜冒進，於是採取溫和的漸進式三步驟：

第一步，先與CSR部門的主管深談，了解工作內容，以及要達成的目標。

第二步，申請協助CSR部門的一個專案，了解工作文化、部門氛圍與節奏。

第三步，決定調職到CSR部門，不過這是一個派遣缺，可迪必須先行辦理離職，以避免爭議。她足足待業三個月，還一筆勾銷五年累積的有薪假，短期看來既有風險也有犧牲，長期卻成為多功能人才，提高職涯流動力。對於這次策略性調職，可迪胸有成竹地說：

「五年後的履歷，我已經預先寫好。」

在這個技能不斷被淘汰的時代，人人都必須終身學習，不過不是東學西學，而是要先有一個生涯藍圖，看看缺少哪些拼圖，再聚焦學習。然而真正能夠預防失業的，不只是學會哪項技能，更要具備哪項經歷，所以與其上課學習，還不如直接去做這項工作，一邊做一邊學習，成效最大，履歷的含金量也最高。

就生涯發展來看，一份工作超過五年沒有任何新的學習，最好是換工作，以增加能力與經驗，一方面預防失業，一方面提高被失業後的求職力。至於擔心換工作會帶來風險，建議不妨在公司內申請調職，增加職涯流動力。總之，最糊塗的上班族，莫過於一個工作做十年或二十年不動，這不是忠誠，而是惰性。

第6章

# 如何重磅反擊，找回人生自主權？

## 站起來，冒險是最好的投資

「要是你在開闢新路
就別指望會遇到路友
如果偏離了方向
你還有太陽和星斗」

——〈遠行者〉，作者為中國旅美作家、詩人 哈金

當信心被徹底擊潰，趴在地上奄奄一息，想要站起來迎向新挑戰，是很考驗意志的事。但是你不能一直倒在地上裝死，不是嗎？說起來，前面已經死過一次，就表示這次是重生，你不是原來的你，所以不要去想哪裡跌倒哪裡站起來，那是愚蠢的做法！你要走出另一條路，在另外一個地方站起來，才可能出現令人驚喜的新契機。

對，冒險是你最好的投資！你需要的是縱身一跳，來個大躍進。二次大戰英國首相邱吉爾說：「不要浪費一場好危機。」當你要重磅反擊時，首先換掉腦子，顛覆思維，把重點放在找收入，而不是找工作，就會頓時

豁然開朗，處處有機會。接著進行三件事改造自己、翻轉人生：

1.把失業當事業來經營，讓失業成為胸前傲人的勳章，啵亮啵亮，展開一趟英雄之旅，成為有故事的人。

2.拆解技能，重新組合，發明一個獨一無二的工作給自己做，賦予自己全新的價值，成為不可取代的人。

3.打造人脈網，成為所有連結的軸心，傳遞有用的資訊，分享有用的人際資源，讓世界為你旋轉。

很少上班族會這麼做，因而活得面目模糊且危機四伏。這是一條少人走的路，卻一再被證明是成功有效的捷徑。日本生活家松浦彌太郎在《一百個基本》一書寫道：「迷失時，選擇更艱辛的那條路。」但是踽踽獨行的路上，孤獨而寂寞，充滿懷疑與否定，隨時都想放棄，這時候最需要沉得住氣，等待時間給予答案。

蓋瑞．范納洽（Gary Vaynerchuk）是連續創業家，也是暢銷書作家、演說家，以及國際上公認的網路名人。他從小成績在D與F之間遊蕩，也不擅長運動，沒參與任何社團，是公認的魯蛇。後來就算他是Twitter、Uber最早的投資人，網路上仍有人罵他騙子、爛人，不過這些話都不會傷害到他，因為他早就習慣。而范納洽之所以成功，因為比起一般人，他更懂得：

「對未來保持耐心，對眼前講求速度。」

# 6-1 說說你的英雄故事，縮短與工作的距離

被失業之後求職，原本是一顆鼓滿氣的球就要殺出去，可是一想到要解釋離職原因，就像被針扎了一下，洩了氣縮在一角，不知如何是好。

被失業的原因不一而足，在說明時，困難度也不一。像是公司倒閉，不是個人原因，還好說一些；至於被資遣就有難度，企業會想：「為什麼裁的不是別人，而是你？」這真的不容易說得好；遑論被開除，更是不知道怎麼把事情圓了。

越是老實，越是有這個困擾；這些人一輩子說真話，不騙人，更何況是找工作。而且若是說謊，萬一……

「被揭穿了，不是就待不下去了嗎？不是更丟人嗎？」

## 被失業，不是求職阻礙

說明離職原因時，即使還在職的人也未必答得好。只是被失業的人更心虛，明

明是被資遣或被解雇，還能怎麼說謊嗎？首先我得說，就我看過所有面試的討論，別說謊的確是應試的最高原則。因為有些企業會做reference check，向過去任職的公司打聽，不僅有可能被拆穿，到時候即使給了offer都會收回去。

你看到這裡，可能不禁心慌了起來，該怎麼辦？先來打一劑強心針吧！我在網路上蒐集到一些高科技業的員工討論這個問題，發現多數人的回答都滿正面的，像是——

「說真的，只要給一個說法，其實不太有人較真你是被資遣或是自己離職。」

「金融海嘯那年，好些同學朋友都失業了，但是後來工作都找得更好，因為在這個當口還找人的企業其實都很『勇腳』。」

「我上個工作也是被資遣，新工作的年薪多十多萬元，兩年過去多二十多萬元。」

可見得被失業不見得必然是一個求職的阻礙，因為企業自己心裡明白，產業更迭快速，資遣將會越來越普遍。不過就像長了青春痘，以為全世界的人都在盯著自己的痘子，被失業了的人在求職時，也會先入為主，以為企業都想挖他「不堪的過往」。事實上，不論企業問「你為什麼要離開前公司？」或是「你為什麼想要換工作？」都是常見的面試考題，並非針對被失業者才問離職原因，不妨放寬心去面對。

## 理由，簡單合理就夠了

接著，再來了解企業之所以問離職原因，背後想得到的訊息是什麼，投其所好，讓企業得到滿意的答案。企業主要是想了解以下兩點：

**1.求職者的生涯穩定度、對工作的投入度：**

比如會不會因為小事就無法忍受，而負氣離職等。

**2.求職者對工作的期待，與企業的文化是否吻合：**

比如離職原因是不想加班，而這家企業卻是天天加班，就不適任。

再來我想特別提醒大家，一般人喜歡問「為什麼」，多半時候要聽到的不過是一個理由而已，即使爛理由也會接受。一九七一年社會心理學家德西（Edward Deci）稱此現象為「過度理由效應」，說明我們之所以凡事都想要聽到一個理由，是因為有個心理需求，期待不論自己和別人的行為都看起來合理，如此而已。

有一個實驗，一群人排隊等著影印，突然來了一個人要插隊，說了一個理由，大家居然二話不說，全部往後退一步，讓他先影印，你猜這個理由是什麼？非常不可思議，這個人不過是說：

「我要影印幾份東西。」

是的，這就是一般人對於「理由」的自然反射動作，因為大家認為，有理由的事就是重要的事。我之所以提到這個心理效應，不是要你講一個爛理由，而是提醒你給一個簡單的理由就好，不必過度著墨，重要的是趕快轉移焦點。這個理由只要守住三個原則，不僅能夠交代過去，還能加分：

### 1. 簡單原則

一句話帶過去，比如「換工作是為了到不同產業歷練，增加能力，豐富經驗」，除外就不必過度描述細節，否則容易模糊焦點，或是露出馬腳，讓企業想要追問下去，帶來不必要的心理緊張，影響到面試的表現。

### 2.正向原則

我們都知道在面試時，不要批評前公司，最好的說法是將「前公司或自己的缺點」說成「對新工作的期待」，比如被資遣是因為老闆多角化經營，影響到本業，必須縮編，可以說成「離職是為了想要換到一家專注本業的公司」；或是自己的業務未達標而被資遣，可以說成「離職是為了接受更大的挑戰，做出更好的業績」。

### 3.渴望原則

都來求職了，重要的不是討論過去的離職原因，而是表達渴望進到這家公司，未來怎麼施展，做出什麼貢獻，這才是企業想聽到的部分。

## 空窗期，技巧性帶過去

做到這三個原則，離職原因這題大概可以答得八、九十分。被失業者的下一個問題是空窗期長，一般超過三個月就需要提出解釋。根據獵頭的建議，不妨這麼做：

## 1.在履歷撰寫時，只要列出年份

不必列出月份，以爭取面試為主要考量。像以下這個寫法，空窗期逾三個月，會讓企業懷疑工作能力不佳。

A公司（任職期間：二〇一六年九月至二〇一八年一月，共一年五個月）

B公司（任職期間：二〇一八年十月至二〇二〇年七月，共一年十個月）

不妨改成以下寫法，是不是好多了？

A公司（任職期間：二〇一六至二〇一八年）

B公司（任職期間：二〇一八年至二〇二〇年）

## 2.在面試時，展現積極進取的一面

企業問到月份，仍然要誠實地說出來，但是不妨主動提出理由，像是之所以有空窗期，是因為難得有時間學習新技能，或是照顧家人等，絕對不能閒閒沒事或是只在找工作，目的是讓企業認為自己是積極進取的人。

經常有人來詢問我有關求職的問題，我都會耐心協助，包括檢查他們的履歷和自傳。這讓我發現到一件可惜的事，不少中年被失業者的學經歷都很漂亮，但是履歷自傳卻寫得比年輕人差。原因不難理解，這些人當中，有的根本沒寫過履歷，有的多年沒寫了。

## 說一個自己的英雄故事

被失業之後，氣場會變得虛弱不振；但是在求職時，致勝的關鍵是展現氣場。如何有如布袋戲的主角人物一出場，金光閃閃，瑞氣千條？說一個故事吧！前面教你給一個好的理由，不過是答對考題而已，更積極的做法是說一個好的故事，才是吸睛的關鍵。即使是企業，誰不愛聽故事呢？尤其是激勵人心的故事！

金卓拉．霍爾（Kindra Hall）曾經榮獲美國國家級說故事比賽冠軍，後來成立企管顧問公司，將說故事策略應用在商界的談判，或職場的溝通。她說，一般人聽到要說自己的故事，第一個反應都是楞住，再忙不迭地搖著手說：

「我這個人沒有什麼故事好說。」

這是因為一般人以為成功了才有故事可言，或是故事必須高潮迭起才好聽，其實未必！金卓拉表示，故事要能夠改變別人的大腦，進而接納我們這個人，第一個前提必須是真實故事。只要講自己發生的故事，就贏了一半。怎麼做到呢？平常就要收集自己的故事，求職時再挑選出兩三則逆轉勝的職場故事。

收集故事不難，在職場上，我們每天都在處理大大小小的問題，或是接到難度不一的任務，都是故事的題材。職場故事指的是解決一個問題的過程，或是達成一趟不可能任務的英雄之旅，教人說故事的講師、作家洪震宇說，故事包含三個段落：

1. **目標**：比如夢想、任務、困難。
2. **阻礙**：包括來自外在環境的打擊與挫折，以及內心的恐懼與矛盾。
3. **行動**：用了哪些方法、工具，以及個人的意志力，去達成目標或克服阻礙。

說故事的目的，是重新框架自己的形象認知，讓企業從全新的角度對你產生認同感。更何況在說自己的英雄之旅，哪個戰士不是雙眼發亮、魅力無限？自信心油然而生之後，企業看到的是一名身經百戰、攻無不克的英雄，而不是被失業、一蹶不振的狗熊，相信你能夠幫他們打一場漂亮仗，創造嶄新的局面。

印度耶穌會神父暨心理治療師戴邁樂（Anthony de Mello）說：「人與真理之間最短的距離，就是一個故事。」而我想告訴你的是——

「你和工作之間最短的距離，就是說一個你的英雄故事。」

# 6-2 把求職當作正職，讓失業變成事業

只要遇見被失業者，特別是中年人，都會聽到抱怨工作難找。這個事實不假，但是我心裡有數，也未必是真的，因為他們並不算是太認真在找工作，從投遞履歷的次數就看得出來。通常我會問對方，投遞履歷幾次，不騙你，半數只投了個位數，比如三、五次；另外半數也不過是二、三十次。

有一名女性在同一家公司做十六年的助理編輯，在跟我談話時，已經被失業九個月，總共才投履歷十七家，一個月平均不到兩家，但是四十三歲的她說：

「我投了不少家，都沒有回音……不曉得發生什麼事？」

「你要應徵什麼？」

「我想試試看行銷，覺得工作比較有趣。」

## 不要連努力都沒做到

在求職這件事，我必須說，很多中年人表現得有如初入職場，毫無概念，毫無章法。上面的案例換作是年輕人，都有一個常識，必須先去上行銷課程、做些行銷案例，把標籤貼好。於是我問她這九個月做了些什麼？她居然回答得如此天真無邪：

「讀書啊！我喜歡讀書，都讀一些跟心靈與勵志有關的書。」

「人資小週末」社團擁有數萬名粉絲，創辦人盧世安有一次跟我談起怎麼求職，他的觀察跟我一模一樣，都注意到一般人在投遞履歷時，都有投太少的現象。另外是投了幾次不見回音，就縮手不投，意興闌珊，變得兩天打魚三天曬網，有一搭沒一搭。對此，盧世安給了一個中肯的建議：

「把求職當作一份『正職』來做。」

正職每天要花八小時上班，求職也應該每天花八小時來做，包括研究企業與開出來的職務，針對各家不同求職條件一一修改履歷自傳，以及準備面試、外出面試。這個做法聽起來多麼合理，但是很少求職者會認真落實。因為只要碰壁幾次，遭受打擊，一般人便陷入心理學家說的「習得性無助」，認為再努力也沒用，於是放棄努力。從別人的角度看來，自然是不積極，甚至懶惰。

但是一直用力求職，一直投履歷，就有用嗎？我經常幫求職者看履歷自傳，發現很多人完全處於「歲月靜好」的狀態，四十五歲或五十五歲寫的履歷，和二十五歲或三十五歲時用的是同一款，差別只在於經歷多寡！對於企業來說，中年人的價值在下降中，年輕人在上揚中，卻是用相同的履歷寫法、求職方法，不損龜才怪！

## 提案式履歷，顧問式銷售

英文有句話：「Change or die.」不變就等死吧！工作十年或二十年，老狗變新把戲才有機會被錄用。104人力銀行的創辦人楊基寬提倡，把履歷改成「提案」，既有創意且務實可行。什麼是「提案式履歷」？不要像年輕時寫「我有多好」，而是要說「我來了，可以幫助公司做到有多好」。除了語氣要謙遜，不要自我膨脹，在寫履歷時還要注意以下三個重點：

## 1.調整心態

告訴自己，我不是沒有工作，才來求一份工作，改變對求職的認知框架；而是這家公司有問題，我來幫你解決，所以我提出一套方案。

## 2.對症下藥

針對提案的這個職務，說明自己要做什麼，能夠協助創造哪些績效，產生哪些價值。之所以有能力做到，是因為過去累積哪些經驗，做出哪些表現。

## 3.薪水可談

企業有時不用你，不是你不夠好，而是你太好，怕請不起你。所以不妨主動讓企業知道自己可以犧牲薪水或職位，一切等以後做出成績再說。

這種自我推銷的方式，稱為「顧問式銷售」。現在業務員都會強調，他們不是在賣單一產品，而是在賣一套完全解決方案；藉此從業務員升格為顧問，目的是在提高個人的價值，以及產品的價格。所以要讓求職效果倍增，我建議：

「把失業當作『事業』來經營。」

客觀來說，我們的職涯發展，是就業市場評價我們的結果。當被失業了，不管心裡有多大委屈，都在說明一個事實：我們已經被降評！要努力的不是衝破眼前這座高牆，而是換一條路走。也換個腦袋，想的不是去求企業給一份工作，而是把自己當作事業來經營，手上握有資源，給企業一個機會，幫助企業解決問題。

## 求職，也需要一套商業模式

既然是經營事業，就必須有一套屬於自己的個人商業模式。所謂的商業模式，簡單地說，想想你的客戶是誰，他有什麼問題要解決；而你做哪些事，他就能獲得想要的利益，自然會花錢雇用你。這個商業模式，年輕時求職用不到，但是當有一定年紀，要走顧問式銷售的路線，就必須想清楚，才有辦法向企業提案。

以我為例，在被失業之後，算一算，離退休年紀不遠，所剩日子不多，再去求職並回到組織任職，這種朝九晚五的生涯模式太浪費我的生命，所以選擇做斜槓教練，展開自己的商業模式，分享給你看看：

1. 我要服務誰：上班族。

2.我要解決什麼問題：青年低薪、中年失業、老來求職。
3.我要做哪些事：教導他們一套做斜槓有系統的方法論，以及陪同與督導他們一年。
4.我要提供哪些利益：幫助學員增加第二筆收入，提高職涯安全度，幫助大家自我實現。
5.我會得到的好處：對社會的貢獻，以及教課收入。

是不是很簡單？卻有助於釐清求職方向，更重要的是重估價值。你將會發現自己能幫助企業解決問題，是很有價值的人，便不會覺得是去求一份工作；相反的，應該是企業求你去上班。以我的斜槓學生盧凡思為例，他做了十年職業軍人退伍，中間換過幾次工作，最後應徵上一個服務榮民的財團法人，他的商業模式如下：

1.他要服務誰：退伍軍人。
2.他要解決什麼問題：就業問題。
3.他要做哪些事：諮詢、輔導、教課，開粉專討論軍人的轉型與轉職。

4. 他要提供哪些利益：協助他們找到適合的工作。

5. 他會得到的好處：對同袍的貢獻，以及穩定的薪資。

透過這個商業模式，盧凡思很清楚自己的價值，在應徵工作時，除了遞上履歷外，還會提供一份提案，包括企業目前待解決的問題，以及他建議的改善辦法，並且附上自己在這方面的經驗與作品。退伍之後，多年過去，他笑著說：

「幾乎履歷有投就有中，有面試就有錄取。」

## 換個腦袋，換條路走

下一步，來跟收租婆學經營。大台北郊區一間三房公寓，租給一個家庭，租金最多一萬八千元，再也漲不上去；改成租給三名單身族，每間房收租七千至一萬元，上看二萬四千元，多出六千元。重要的是，花得起一萬八千元的家庭不多，但是花得起七千至一萬元的單身族很多。這個做法，帶來的啟示是——

化整為零，把自己賣出去，價錢更好！找不到一份全職工作，就多找幾個兼職，或發展多條斜槓，收入合起來更多！

李益恭是一個典型的例子，他曾任外商人資主管三十多年，至今七十五歲，還全台灣趴趴走，做職涯輔導、高階主管的教練、企業的人資顧問等。當然他不缺錢，只是閒不住，並想要對社會有貢獻。比如企業顧問沒有八萬、十萬元請不到他，但是他只開口二萬元，企業一聽就開心錄用他，也不會給他工作上的壓力。接著他再拿出等於薪資十倍的價值，執行某個專案幫企業月省二十萬元，他說：

「就算是八十歲，都有人要用我！問題不在年齡，在能力與薪水。」

在職涯前進的路上，會出現大大小小的石頭，有的搬得動，有的搬不動，別拿頭去撞，或用腳去踢，這使的是蠻力，不是努力。換個腦袋，轉個念頭，輕輕移開一步，繞過石頭就好了。努力求職是對的，但是要努力在對的地方才有效果。我們要做的不是用力求職，而是用心改變。就像美國脫口秀主持人歐普拉說：

「人生沒有所謂的失敗，失敗只是人生企圖讓我們換個方向。」

轉彎吧！與其求別人給一個工作，不如創造一個有價值的自己。

# 6-3 改變人生際遇的，可能是路人

有一名程式設計師來臉書私訊我，說到他在新冠疫情期間被資遣，花了兩個月在人力銀行求職，都沒有回音。我覺得很詫異，因為程式人員求職不難，於是我問他是要應徵哪個行業，他回答：

「遊戲產業。」

「請問你幾歲？」

「五十一歲。」

## 人脈，才是求職成功的主因

這讓我想到有一名在遊戲產業任職的年輕人，老闆要他找程式設計師，他就到人力銀行開職缺，看到一位三十五歲的求職者，學經歷俱優，便問老闆要不要請對方來面試，哪裡知道老闆居然露出不屑一顧的表情說：

「都三十五歲了，還在人力銀行求職，是有多遜啊？這種人不用！」年輕人傻住，支支吾吾地問老闆，求職不到人力銀行，還能去哪兒嗎？老闆告訴他：

「人力銀行是給剛畢業的人求職用的，超過三十歲就靠人脈啦！」

只要當過用人主管都知道，超過四十歲要在人力銀行投履歷，機會有限，跟這個人優秀與否無關。在我訪問過的案例中，具有特殊技能或稀缺經驗，且任職主管，尤其是業務性質主管，在超過四十歲之後，仍然有機會透過獵頭找到工作，但是條件門檻看來並不低。這麼一說，是不是很令人好奇，年逾四十是怎麼找到工作的？答案是透過關係介紹居多。

不論家裡的電視或呼嘯而過的公車，經常可見到人力銀行的廣告，讓我們不禁產生一個錯覺，好像找工作唯一途徑是人力銀行。可是根據美國的多項調查結果，完全顛覆這個刻板印象。

全球名列前茅的人力資源公司萬寶華（ManpowerGroup）做過三年問卷調查，近六萬名客戶當中，有四一％是透過自己的人際網絡找到工作。每一年都會做出首富排行榜的《富比世》雜誌也做過調查，在成功找到工作的求職者當中，有七五％

是透過人脈關係。美國勞工統計局則指出，六三・四%的工作者是透過非正式的管道找工作。

## 弱連結，比朋友同事都有效

可見得人脈在求職上的重要性，連人資主管都給予最大的肯定。根據人力資源管理協會（Society for Human Resource Management）與《華爾街日報》共同針對人力資源主管與求職者所進行的一項調查，有六一%的人力資源主管、七八%的求職者都認為，透過人脈是求職最有效的方式。

從上面的調查數據看來，人脈才是求職的關鍵。接著再進一步拆解是哪一層人際關係最有幫助，你恐怕會驚訝到從椅子上摔下來。因為真正能夠幫助你找到工作的，未必是熟人，可能是路人。

有一次我跟一名人力資源主管談話，他說回想過去二十多年職涯，當他想找工作時，熟人未必幫得上忙，像是親人、同學、朋友、同事等；而熟人想找工作時，自己也未必幫得上忙，後來派得上用場的人脈都是——

「弱連結！」

「弱連結」這個名詞，是史丹佛大學教授馬克．格蘭諾維特（Mark Granovetter）在一九七四年提出。他針對一百名年輕人做研究，想了解他們是怎麼找到工作的，結果發現五十四人是靠人際關係，更令人訝異的是其中只有一七％從熟人那裡得知工作訊息，高達八三％是從平常不太連絡的「點頭之交」獲取相關情報。

這個經驗，我也有。而且我的所有工作，都來自弱連結。最不可思議的一次是我離開《聯合報》多年之後，老同事才告訴我，當年我之所以能夠進《聯合報》，是有幾位記者看了我在雜誌寫的報導，共同認定我是個人才，一起去說服主管爭取我過去《聯合報》任職。你說，人生的際遇是不是很奇妙？

後來我離開《聯合報》，到台北愛樂電台工作，是創辦人夏迪來邀請我去的。夏迪在《聯合報》擔任記者時，多年來跟我背對背坐，從未講過一句話，後來卻成了我的老闆。二〇一八年被失業之後，我有一場演講，會後簽書時大排長龍，開課公司的高階主管也在隊伍中，事先我不認識她，第一次見面她就向我提出邀請，後來我們合作推出斜槓課程。

## 接近這家公司的主管

現在你也試著回顧求職路上，這種情形多不多？你會發現人脈固然重要，但是弱連結比強連結還有效！古人常感嘆：「相交滿天下，知音沒幾個」，看來在求職這方面，這並不是壞事。既然被失業了，求職的心情萬分急切，而人脈的經營又不能靠一天兩天，那麼何妨把力氣花在更有效的地方——建立弱連結。

這麼高比例的人是透過人際關係得到求職情報，顯然有些工作機會並不公開。美國有一家人力資源公司Epic Development集團的老闆甚至說，超過八成的工作都沒有放到人力銀行上。的確有很多公司在開職缺前，會先請同事推薦，推薦成功還有獎金可領取，所以說起來，企業用人也愛走這個途徑，因為——

「誰都不想失去信用，更何況是自己的公司！也就一定會推薦合適的人選。」

可見得要找到工作，一定要想辦法拓寬人脈。最直接的方法是鎖定理想的企業，去認識裡面任職的員工與主管。怎麼做到？看看他們有沒有開臉書，或是會參加哪個線上社團；想進外商的人，還會去LinkedIn追蹤。做什麼呢？讓對方看見自己，留下印象，包括按讚、留言與分享。

這種做法在過去是線下進行，比如參加各種社團或商會，現在都移往線上。更積極的人會留意這些人會參加哪些活動，直接殺到現場，製造認識的機會，事後繼續保持連繫。這種主動出擊的方式，就是典型的經營人脈。不過要記得一個要領，不要一開口就是問工作，而是要問經驗，比如：

不要說：「聽說你們公司要找○○○這樣的人，我有興趣，請問怎麼做才會上？」

而是說：「貴公司在○○○這方面很強，應該是人才濟濟，請問您怎麼組織這樣厲害的團隊？」

把焦點放在對方，先是認同他，再讓他侃侃而談，我們只需要傾聽與回應，製造一個愉快的開始，對方會對你產生好印象。想想看，當拿到一張團體照時，第一眼你會看自己或別人？當然是自己！所以每個人最關心的是自己。要跟對方產生連結的第一步，是讓對方知道你對他的成就有興趣，他就會喜歡你。

## 無壓力社交，試試看！

很多內向害羞、不喜社交的人，尤其適合這麼做。不喜社交的人都有一個錯誤的觀念，以為社交就是懷有目的，覺得這樣交朋友不單純，髒髒的，心生排斥，也害怕被討厭與拒絕。所以最好的方法是改變觀念，之所以去認識人，目的是開始一段關係，而不是去求一份工作，心裡就會舒坦自在許多。

其次不妨把人脈分成三圈，第一圈每個月連絡一次，第二圈每兩個月連絡一次，第三圈每三個月連絡一次。每次都一對一，問候對方近況，聊個兩三句，目的是不要讓關係斷掉即可。當需要找工作時，由於一直有連絡、有維繫關係，對方就會拉你一把。這種「鬆散連繫的社交」，端賴保持紀律，養成習慣，毫無壓力可言。

再來，有些不喜社交的人不過是不習慣面對面交談，卻很能在鍵盤後面用文字溝通。那麼不妨參加一些與工作相關的線上社團，除了追蹤外，經常發表留言或貼文，並且注意專業水準與觀點鮮明，自然引起注意。當開始與同業連結後，很容易得到第一手的工作訊息。

我們永遠不知道，誰會是我們的貴人，所以人人都是貴人。即使對方看起來不是自己所想的那種貴人，都拿出該有的禮貌與尊重來對待，不要輕忽、不要怠慢，至少留下好口碑給人打聽。貴人不是等來的，是自己創造來的，在還沒有遇見貴人之前，先成為對方的貴人吧！正所謂的「成功靠人脈，人脈靠真誠」。

多一條人脈，多一條路。過去順風順水，或許認為自己靠做事，不靠做人，不願意花心思在經營人脈上；現在被失業了，就能夠體會人脈的重要。真正能夠改變我們一生機遇的，不是強連結，而是弱連結，因此要善待每個人。千萬別輕忽偶發事件對我們一生的長遠影響，或許一則對他們不重要的工作訊息，可能是我們生涯的轉捩點。微軟的創辦人比爾．蓋茲說他的成功祕法是——

「永遠不要靠自己一個人花一〇〇％的力量，而是要靠一百個人各自花一％的力量。」

# 6-4 承擔風險，為自己發明新工作

在我的職場生涯，第一個貴人是前立法委員、現任台北市議員秦慧珠。大學畢業那年，遇見第二次石油危機，我足足失業兩年，秦慧珠給我兼職機會，讓我度過茫然迷惘的時期。後來景氣回升，她的雜誌社需要一名採訪編輯，又延攬我過去，給了我平生第一個正職工作。

那時候我少不更事，而秦慧珠在社會上非常活躍，認識很多名人，經常轉述外面世界各種光怪陸離的現象，每每聽得我瞠目結舌。當她想要競選台北市議員時，有一天跟我聊起這個新的生涯布局，突然停頓下來問我：

「你知道，出來選舉的，最多是什麼人嗎？」

## 你需要先做「個人破壞」

我哪知！她是我第一個遇見對政治雄心勃勃的人，也是那個黨禁時代，第一個我認識訂閱黨外雜誌的人。她帶著饒富興味的微笑揭曉答案：

「失業的人。」

怎麼會？失業者聽起來與失敗者無異，而那些議員或立委各個是成功人士代表，這兩種人怎麼可能兜在一起？不過多年下來，見證過太多選舉，看過太多候選人被起底，漸漸明白秦慧珠說的是事實。最有名的例子當屬韓國瑜，失業多年去做北農總經理，被拔掉失業了，再選高雄市長。

不止政治人物，很多商界人士也經歷過失業，最後都能拔地而起，一飛沖天。同樣是失業，為什麼他們反而創造人生高峰？答案是他們選擇冒著風險，打掉重練，給自己來一趟破壞式創新。美國高階主管教練惠特妮．強森（Whitney Johnson）二〇一七年獲「五十大思想家」（Thinkers50）評選為最具影響力的管理思想家之一，她說：

「承擔市場風險，是促成『個人破壞』的關鍵因素，而個人破壞可以刺激個人職涯成長。」

但是在台灣，人資界普遍用同一個角度在徵才，那就是相關性，人才的學歷或經歷必須和職缺具有相關性，條件符合規格，才會獲得面試機會。這使得104人力銀行在二〇一六年推出的一支廣告「不怎麼樣的二十五歲，誰沒有過？」引起極大爭議，正反立場都有人支持。劇情是這樣的：

104人力銀行邀集人資主管，每人分別審核三份匿名履歷（二十幾歲），結果都被人資主管一一打槍，但是名字揭曉後，赫然發現李安和吳寶春在列。而人資主管是怎麼評論李安的呢？他們說：「我不會用他！學歷很漂亮，但是沒有工作經驗是最大弱點。」至於吳寶春？人資主管更是毫無顧忌地直指：

「以這個學歷和經歷，第一時間就刷掉了。」

「他沒有一個專業在上面，又當麵包學徒，又去兼差洗車……」

「這樣的人，我都不喜歡！坦白講，這份履歷他應該寫得再誠懇些。」

## 你需要「非連續式職涯發展」

那又如何？還好李安與吳寶春忠於自己，承擔風險，走了一條人少的路，最後李安是亞洲人唯一得過兩次奧斯卡金像獎最佳導演，而吳寶春是全世界麵包冠軍，得獎的荔枝玫瑰麵包售價三百六十元，在高鐵的門市經常是最早賣完拉下鐵門的。

不要說這些人資主管，即使李安的父親在得知兒子獲獎，唯一的忠告也是——

「好，那你總該去找個正式的工作了吧！」

李安的父親或104人力銀行邀集的人資主管透露的是什麼？傳統的職涯思維！一條大家都在走的主流，安全穩妥，而走在軌道的人都是符合規格的，一模一樣。還年輕時，大風吹再怎麼玩，都搶得到位子坐，即使前人的屁股印子還在發燙。但是當被失業了，又有一定年紀，我得說，恐怕你已經不在這場遊戲裡。怎麼辦？

我認為，這是老天爺給的第二次機會，走自己的路。重點是很多人沒有感應到這個訊息，還循著老路子，想去謀一份事來做，結果碰得鼻青臉腫，懷疑人生也否定自己，做一些不喜歡也不擅長的工作，領著微薄的薪資，還要看人臉色，直到失去自信，以為自己一無是處，最後變成一個沒有臉孔的人。

日本作家村山昇在《工作哲學圖鑑》書中談到一個觀念：「非連續式職涯發展」，用這個思維來看被失業後的生涯，最能看清前方的路，不致困在其中進退不得，或是一直倒退嚕。這個觀念來自政治經濟學家約瑟夫·熊彼得（Joseph Alois Schumpeter）的「非連續性創新」，而熊彼得為此做了一個傳神的比喻：

「把再多送郵件的驛馬排成一列，也不會變成鐵路。」

一般人上班時，走的路線是「連續式職涯發展」，在某個領域持續不斷努力、前進，呈現出一條拋物線。曲線起初是上揚，到了一個高點便逐漸下降，不管怎麼努力都是走下坡，這就是被失業後的景象。這時候不是繼續努力，而是展開「非連續式職涯發展」，大膽換一條路走，承擔風險，才能帶來生涯的大躍進。

## 你需要發明新工作

接著你一定想知道，怎麼做出「非連續式職涯發展」？轉念！轉念！轉念！當就業市場給不起你一個工作，就發明一個工作給自己。我為什麼這樣建議？因為經常有各大出版社寄翻譯書給我，你一定想不到我有個閱讀癖好，居然是讀這些作者的頭銜，全是前所未聞，千奇百怪，每個都讓我腦洞大開，比如：

- 子彈筆記發明者（瑞達．卡洛，Ryder Carroll，著有《子彈思考整理術》）
- 說故事專家（金卓拉．霍爾Kindra Hall，著有《誰會說故事，誰就是贏家》）
- 運氣專家（卡拉．史塔爾，Karla Starr，著有《七的好運法則》）
- 成長創新傳道人（蒂芬妮．波瓦，Tiffany Bova，著有《全球800 CEO必備的應變智商》）

- 獨立研究者（山口周，Yamaguchi Shu，著有《成為新人類》）
- 人類境況的研究學者（彼得．霍林斯，Peter Hollins，著有《幸運，你可以學會的能力》）
- 翻轉自我價值專家（moto，著有《個人無限公司》）

……

顯然，這些頭銜是創造出來的。光看頭銜，你是不是跟我一樣認為他們一定是有趣的人，做這些工作一定很開心，很想認識他們？這就是發明新工作的好處，吸引力倍增，魅力無限。這些人多半不是作家出身，而是在一個領域鑽研多年，有獨到心得，能夠幫人解決問題，就把它們變成工作，而出書不過是一張大名片，有助於別人肯定他們的專業地位。

在台灣呢？像我發明了一個工作：斜槓教練，過去你一定沒聽過這個頭銜，市場上只此一家，別無分號。我在教學生做斜槓，也是要求他們發明新工作，像是教人理債、教銀髮族藝術創作、教人歌詞創作、教人用手機拍影片、教人在日商生存之道、教人談高薪、教人撰寫英文履歷與面試等，是不是都令人眼睛一亮？

如同惠特妮．強森的建議一樣，她說，重振職涯就是要承擔風險，但不是冒大風險，而是冒小風險，針對自己的強項與優勢，看看市場上是不是有未被滿足的需求缺口，去發明一個工作，為自己帶來破壞式的能量，也創造一個別人無法取代的利基市場，才是真正的降低風險之道。而且她再三強調：

「如果不接受市場風險（也就是沒有採取破壞式行動），職涯可能會停滯不前。」

## 你需要一趟英雄之旅

我的學生要做的斜槓項目，都是埋藏在他們內心深處許久，苦於無法實現的夢想，現在終於發明出來，變成一份可以努力且變現的工作，心情之興奮可想而知。當下，這些路沒人走過，荒煙蔓草，需要披荊斬棘，離花開遍野還有一段距離。不過只要邁開雙腳，沒有到不了的地方。神話學大師喬瑟夫・坎伯（Joseph Campbell）稱這是一趟「英雄的旅程」，並說：

「你最不敢踏足的洞穴中，就藏著你所尋找的寶藏。」

# 6-5 要相信有人會幫你

在我採訪的失業案例中，有一些人是二十幾歲時失業，雖然年紀輕輕就遭逢這樣的打擊，有點太早催熟，但是年輕人還有翻身的本錢，反而是好事。這時候失業，會讓人好像突然醒過來，明白了很多事，這種歷練是最快速的社會化過程。

但是當黑黑說，他從二十七歲一直失業到三十歲，長達三年，我驚得嘴巴都合不攏，問他發生什麼事，他沒有直接回答我，而是借用了一個故事。黑黑是讀電影的，在本土導演當中，他很欣賞易智言；而易智言在拍戲前，會做田野調查，有一次訪問一位律師，問對方為什麼會幫有罪的犯人辯護，律師說：

「因為我們每個人都可能差點變成那樣的人。」

## 粉紅大象的心聲

黑黑說，一開始是空窗兩個月，後來因此被貼上標籤，找工作變得困難數倍，不知不覺就一晃眼失業三年，也才知道失業是怎麼一回事，對於一個失業的人來說，關鍵在於重要的時刻，有人關心或拉一把。說起來，其實失業者與富二代是一樣的，富二代靠父母給資源，失業者找到工作，也要靠有人給機會。他強調：

「沒有人立志要當失業者。」

但是當時什麼人都有資格不斷地在他耳邊嗡嗡個不停：「你好歹要去找個工作」、「你要振作起來」、「你不努力，以後怎麼辦」、「像我的工作也很爛，但是我還是去做，你也可以跟我一樣啊」……黑黑說，經常連吃個飯都要聽一頓嘮叨，沒辦法好好吃完。時間久了，他的朋友自動分成三群：

第一種朋友：瞧不起他，靜悄悄遠離了。

第二種朋友：一見到他，就是勸他去找工作。

第三種朋友：下了班就來找他瞎聊，從來不提找工作，好像不知道他失業似的。

「我是一頭『粉紅大象』，你不可能沒看到我失業，但是就是別跟我提失業。」

黑黑說，當時他最需要別人的不是加油打氣，而是一份理解，像是「你已經很努力了，放鬆一段時間吧」。在失業期間，黑黑得了憂鬱症，他想去看病，可是父親外遇，沒有心思理會他，而母親是拚事業的女強人，跟他說，只有閒著沒事的人才會得憂鬱症，他應該去找事做，而不是去看病。

沒錢看病，於是黑黑每天去誠品書店報到，翻閱心理書籍，終於在《阿德勒談人性》（*Understanding Human Nature*）一書裡讀到這樣的觀念，有一種人從小過得不好，長大後覺得父母對不起他，社會對他不公平，就用這樣的態度過一輩子，到了最後一事無成，又回過頭來歸咎於社會或父母。他突然被嚇到，驚魂未定地說：

「我有一種感覺，阿德勒認識我，否則怎麼會跳出來把我罵得如此到位！」

## 有人給他一個機會

不巧這時候他還失戀了，黑黑強烈意識到，想要擁有幸福，必須先成為有能力給予的人。黑黑決定不再抱怨父母、不再懷疑人生，而是開始投遞履歷，即使屎缺也去試。並且跟自己說，不要太驕傲，不要嫌棄工作或薪水，因為驕傲的人要配上卓越的本事。

不過，光是要解釋為什麼失業三年就是極大的考驗，因此求職並不順利，最後遇到一位經理，什麼都沒問就錄取他，過程只花十分鐘，打敗三十五個人。黑黑不僅不可置信，還懷疑其中必有詐，要不然怎麼會錄用他。工作半年之後，有一次和經理到其他縣市開會，聽到經理說：

「我最喜歡用失敗過的人，因為只要肯給他機會，他一定比別人努力。」

黑黑這下子終於明白被錄取的原因，同時也聽到經理任用一個當地主管的故事。這名主管原來創業失敗，又值中年，到處求職都碰壁，在被錄用之後，格外珍惜這份工作，把它當作事業在經營，績效名列前茅。知道了這些，黑黑當然不能辜負經理這番苦心，於是發憤圖強，衝刺業績，成為公司的模範員工。至此，黑黑恍然大悟地說：

「原來以前我不是沒有能力，而是沒有機會。」

這讓我想到五年前一位親戚考國營事業，筆試通過了，接著必須面試，可是很沒信心。因為過去錄取的都是年輕人，而她已經三十八歲。你猜，我給她什麼建議？答案是打同情牌！我這位親戚曾經是空姐，高䠷美麗，溫柔熱心，但是前一年離婚，帶著兩個孩子，需要工作賺錢，我就建議她跟面試官強調這個家庭狀況，對方一定會伸手幫忙，破格錄用，親戚問我：

「面試說這些，會不會顯得不專業？」

「不會！他們會反過來欣賞你的堅強與勇敢。」

## 幫過你的人，會更願意幫你

結果，她真的錄取了。其實，姊教的不是求職，而是人性。人性，都是同情弱者，但是這個弱者必須要先自助，才會獲得人助。有句老話：「爛泥扶不上牆」，說的是一個人可以是泥巴，卻不能是爛泥，因為爛泥太稀了，即使上了牆也糊不住，就算幫忙也是白搭。兩個案例都印證了這一點，黑黑努力求職之後，才能遇見貴人的提攜；而我的親戚自立自強，別人才會願意伸出援手。

成功學專家拿破崙．希爾（Napoleon Hill）說：「人生的最大祕密，就是不要企圖去改變自然法則或勝過自然。」而人性就是自然法則，人性會同情弱者，也願意幫助弱者，所以在失業期間，要對人性有信心，相信這世界上某個角落一定有個人會幫助你有工作。懷抱著這個樂觀主義，這並不是無中生有，而是有心理學根據。

第一個心理學根據是「富蘭克林效應」。富蘭克林指的是誰？正是歷史上，美國開國元勳之一班傑明．富蘭克林（Benjamin Franklin）！他一直很想和某議員合作，可是老被拒於千里之外，於是他去跟議員開口借一本絕版書，居然借成了。等到還書時，不可思議的是議員變得友善，還說只要有需要，他隨時願意為富蘭克林效勞。

是不是很奇妙？本來見面分外眼紅的人，卻在幫了一次忙之後，願意幫第二次、第三次……這就是人性！在付出的過程當中，人性上會將行為合理化，認為對方是好人且值得付出，而提高好感度，產生情感。因此幫過你一次忙的人，會比那些你幫助過的人，更願意再幫你一次忙，這就是「富蘭克林效應」。

可見得人脈是麻煩出來的，你還要害怕麻煩別人嗎？但是記得第一次請人幫的必須是「小忙」，別是「大忙」。接著發揮第二個相關心理學理論：「門檻效應」。邁過門檻，就不再生分了；他幫你一次小忙，你回頭幫他一個小忙，有了人情往來，兩人就「圈粉」啦！頭過身就過，後面要請對方幫大忙，成功機率便提高不少。

但是你想想，富蘭克林能夠借到書，是因為富蘭克林不論品格或學識都令人敬佩，議員才會賞臉，這反映的是第三個相關心理學理論：「馬太效應」。新約聖經《馬太福音》第二十五章說：

「……凡有的，還要加給他，叫他有餘。沒有的，連他所有的，也要奪過來。」

## 先自助，才有人助

就像有家館子沒客人，你會不敢進去；但是大排長龍的，排上一小時也甘願。這告訴我們，先成為「有的人」，別人才會錦上添花，而不是成為「沒有的人」，卻期待別人雪中送炭。有些人在失業期間，意志消沉，形容憔悴，生活委靡，精神不振，一副「衰」樣，別人靠近都怕帶衰，怎麼會想要拉他一把？

本書第四章提到的丹尼爾，有一天去參加老同事的聚會，席間許多同事跟他說：

「你混得不錯喲！」

丹尼爾在臉書上非常活躍，不斷披露他去哪裡進修充電，到哪裡參加活動，在哪裡演講或開課，或是受哪個公益機構邀請做幹部……因此老同事爭相向他揮手，去他們的工會或公司演講，還說：「有時間也來幫忙一下。」可見得不論在社群平台、社團組織或同業活動多露臉是對的，讓朋友知道自己在做什麼，借助口耳相傳，讓努力被更多人看見。

看到沒？看起來像是「有價值的人」，別人就會靠近，求你幫他們忙，而事實上，是他們在幫你忙卻不自知。所以看起來不能像失業者，而是要讓自己的行為舉止都像前途看好的明日之星。哈佛商學院教授、社會心理學家艾美．柯蒂（Amy Cuddy）在 TED 一場名為「姿勢決定你是誰」的演講中說：

「先假裝成功，直到成功為止。」

# 6-6
# 何必再找工作？找收入吧！

每個月初，我都有一件例行任務，盯催數百名進階班學生的斜槓進度。這天是八月一日，十幾個群組像青蛙跳水般，噗通噗通地跳上跳下，學生一個個浮出水面，張貼出一大串下班後做斜槓的工作進度。看著斐然的成績，還在替他們高興的當下，不到一小時之內，居然跳出四個人都報告了同一個消息：

「我離職了。」

三個主動離職，一個被資遣。怎麼會？二〇二〇年六月之後，打開電視，看到的新聞畫面盡是風景區人擠人，飯店訂房額滿，餐廳大排長龍……標題無不表達出「景氣報復性的反彈」。但是關上電視，打開手機，在Line看到的卻是相反的現象，疫情之後比疫情期間離職人數還多，彷彿是一種秋後算帳的報復性失業。

## 人性不愛工作

我一時迷惘了，兩種截然不同的情境，到底哪個才是事實？還好，學生們因為學了斜槓，或是做了斜槓，沒見到驚慌失措的，反而各個一副胸有成竹、老神在在的模樣，令人心安不少。比起我兩年前被失業，他們比我更快進入狀況，顯然是「訓練有素」的結果。這些學生第一次來上斜槓基礎班時，我第一句話就告訴他們，未來三小時的課程都環繞著一個核心概念。他們接受了，才繼續報名進階課，這個概念是——

「找工作不如找收入。」

一句大白話，完全解釋「零工經濟」的精髓。這句話不是我發明的，而是在失業期間，去上就業服務站安排的課程時，聽到一位講師說的。當下腦袋像被雷劈到似的，我跟自己說，對，就是這個概念！於是借用至今，不斷宣揚。

三寶爸年逾四十，而三個孩子都還小，家計負擔沉重，很想換工作，但是憂心不僅要面對更高的生涯風險，還可能陷家庭於更大的不安之中，非常猶豫。為了尋求解答，來上我的課，並聽進這句話，朝著找收入的方向發展。後來一直慶幸做了正確的選擇，覺得受益很大，便推薦同事夫妻一起來上我的課。

我之所以對這句話深表贊同，是因為我懂得上班族的心。除了少數人熱愛工作、追求自我實現外，多數人認為工作是辛苦的，要不然怎麼會經常聽到有人說，如果中了樂透，他一定馬上離職。可見得多數人工作無非是為了賺錢謀生，一旦失業，害怕的不是失去工作，而是失去收入。因此重要的不是工作，而是收入；要做的事不是找工作，而是找收入。

## 台灣人太早退休

再來，我想如果大家知道一個統計數字，就不會對找工作如此執著不悔。每次上課我都會問在座的學員，台灣人平均在幾歲退休？無一例外，大家都會眾口一聲說：

「六十五歲！」

這個答案，顯示上班族對就業市場的真相有一定程度的隔閡。怎麼說？歷年來每年統計出來的退休年齡增長幅度大都落在〇．二至〇．三歲，二〇一六年官方統計是五八．六歲，隔年二〇一七年跳升到六一．三歲，為什麼突然出現二．七歲這麼大的升幅？原因是政府修改退休年齡的定義，從「離開組織的年齡」改成「領取勞保年金的年齡」，而二〇一七年可以領取勞保年金的年齡恰好是六十一歲。我再問學員：

「這兩者是一樣的嗎？」

他們都搖頭說不一樣。一般上班族明白領勞保年金的年齡不等同於退休，那麼政府為什麼要動手修改退休年齡？原因只有一個，與其他國家相較，台灣人太早退休，不符合時代潮流，韓國大約七十三歲，日本則在七十歲。超過六十五歲以上繼續工作，韓國有四四％，日本超過三分之一。這樣的「國恥」透露什麼訊息？只有一個：

台灣就業市場對中年人極度不友善！

但是政府似乎無感……有一次我去聽一場官方舉辦的銀髮族就業論壇，一名科長上台報告自己單位做的調查，說結果顯示企業端都很有誠意繼續雇用中年人，但是員工端顯然想早點退休，以致台灣的退休年齡比其他國家來得早。一聽，我差點從椅子上摔下來，心想他是主管單位，哪家企業會告訴他實話，是他們逼員工提早退休？

既然事實如此，我們就要做最壞的打算，與最好的準備，先假設自己會在六十歲左右被逼退休，接著再看向生命的終點：自己的壽命。目前台灣平均壽命在八十歲出頭，而今年呱呱落地的嬰兒預計可以活到一百零五歲，你認為自己會活到幾歲？以我為例，父母都年近九十，自估活到一百歲，養老金至少準備到一百歲。

## 誰給你工作？

再來看不工作的餘命有多長。台灣目前是二十二年，日本是十三年，活到一百歲的台灣人如果存款不足，恐怕要工作到七十八歲。我每次講到這裡，台下的學員都驚嚇到說不出話來，禁不住懷疑人生，心想有需要這麼老歹命嗎？可是到日本或韓國旅行，你一定注意到多的是老年人在工作，他們就是我們的未來！

下個問題來了，假使六十歲被退休，要怎麼找工作？我想四十五歲被迫離職的中年人，多半充分感受到工作難找，而且像流沙一樣，一路往下找，更遑論六十歲！一路算下來，我們不得不認清現實，後面至少有十至二十年的生涯，完全想像不出來有哪個老闆會給我們工作，因此自己找收入是一條必走的路。

經常有年輕人在網路上留言說我恐嚇大家，成功學大師博恩・崔西（Brian

Tracy）說，「事實」是無法改變的事，不要為它們傷腦筋或不快樂，因為它們屬於過去；但是「問題」屬於未來，是可以改變及解決的事。我也一直相信，真正對人生負責的人是看清事實，解決問題，不是否認事實，以為是眼睛業障所致。

我的斜槓班學生，他們不僅明白「雞蛋不要放在同一個籃子」的道理，而且身體力行，除了上班工作外，下班還做斜槓，另外他們也學習各種投資工具，有人做股票，有人定期定額買ETF，有人做包租婆，有人買賣不動產，有人合夥做餐飲，有人插股公司經營……這些都是找收入的管道。

而且找收入的目的，不是賺取一次性收入，而是建立一個自動化、持續化賺錢的系統。有別於上班要花八小時、或兼職要花二到三小時賺「時間財」，在建立系統以後，「事業財」不受時間與地點的拘束，像打開水龍頭，錢一直流出來。講一個誇張的例子，我有個學生有十三間房子出租，來學習斜槓是想要快速增加為三十間房子，我問他原因，他說：

「這樣我就有能力請人來打理一切，我不需要做任何事。」

不必工作，就有錢進來，是多數人夢寐以求的。不過跟找工作一樣，找收入也必須培養技能，耕耘一段時間，經歷過嘗試錯誤、不斷滾動式修正的過程，才能開花結果。那麼什麼年紀該開始找收入？不少人都等到人生步入下滑期才起步，未免嫌晚了些。所以我開出來的時間表仍是「趁早」，今天永遠比明天來得及。

## 終須一戰，趁早吧！

我有一位學生在日商任職二十多年，位居高階，不幸被失業，到處求職碰壁，經人推薦來上我的課，幾個月後找到工作，以下是他在群組的留言：

「身為一名中高齡失業的大叔，面對著家庭生活、生理、心理等各方面的打擊，只能勇敢面對迎擊。經年抓不著單槓，更不用說是斜槓。

在新冠肺炎疫情持續狀況之下，每天媒體充斥著負面的新聞，被迫停業、被減薪、被裁員、被放無薪假，許多『被』的負面能量占滿新聞版面。

因此今天的進度報告，我打算來點正能量的，告訴大家一個好消息，我『被錄用』了，五月初復工，重新回到久違的、熟悉又陌生的職場。

過去長久職場麻痺的我，不會再度輕易地陷入『養，套，殺』的陷阱，爭取自己的第二度人生，取回主導權。

穩住單槓，重起斜槓！」

面對人生的起伏，我們就是認清事實，解決問題。人生上半場，找工作是一個選項；到了人生下半場，找收入是必走的一條路。既然終歸要找收入，何不趁早！想要少奮鬥十年，或是想提早退休，不想要老來還在求職碰壁，都得加入「時間因素」，掌握愛因斯坦說的第八大奇蹟「複利效應」，時間就會幫我們慢慢致富。全球股神巴菲特提出著名的「雪球理論」，說的也就是「趁早」的道理，他說：

「人生就像滾雪球，你只要找到濕的雪，和很長的坡道，雪球就會越滾越大。」

〈後跋〉

# 失業是有意義的

「要寫好一本書，你必須成為那本書。」

——企業家兼投資人 納瓦爾·拉威康特（Naval Ravikant）

一開始，我只是想寫一條隱伏的暗流，而我是一名觀察者、紀錄者，沒想到電腦鍵盤敲著敲著，在第四章說出我被失業的故事。是的，我本來並沒打算寫我自己，原因有幾個，首先我是採訪出身，必須客觀中立，不涉入自己；再來，這真的是一個難言之隱。到寫書之前，除了我的家人和兩三個朋友，我沒告訴任何人自己是被失業，才離開組織型生涯，因為——

我就是講不出口……

## 原來我早就想走了

寫書的過程很緩慢，不斷有新工作插入，都是寫一章給總編輯程鳳儀看一章，目的是安她的心，證明我有在進行中。在收到第四章之後兩週，鳳儀line我約見面，我看到她的筆記本列出幾個要討論的問題，當下心裡明白，她想了解我對於被失業能夠在書裡坦露到什麼程度，便問道：

「會不會影響到形象？」

對我而言，作為一名職場導師，職責所在是維持上班族希望之火不滅、滿滿的正向能量！至於個人形象，並沒有關係，讓大家了解我也有低潮的時候並非壞事。況且別人怎麼想、怎麼說，我沒法控制，多想無益。來回討論到最後，鳳儀鼓勵我寫一篇後跋，談我的失業過程，以及失業後的翻轉人生，給大家加油打氣，也證明我了解失業者的心情與困境。

你一定好奇，我為什麼被失業，老實說，我不知道，也不打算知道，因為會說出來的理由都不會是真的，那麼又何必知道。更何況一切已經過去，而我的人生是要向前走的；倘若有一天回頭，是為了要看我走了有多遠。二〇一八年九月十八日，新到任的總經理來電請我進辦公室，第一句話說：

「我們想請你離職。」

不到一秒，我毫不猶豫點頭答應：

「好！」

這麼直接，我自己也嚇一跳，卻也馬上明白過來，我的內心根本老早就想離去！只是五十「好幾」了，我非常清楚求職不易，因此困在害怕失去收入的心態裡走不出來。

## 貴人現身！大膽一躍！

回想三年前職銜被拔掉「執行」二字，改成「資深」，我就離開核心業務，負責比較不重要的工作；即使再盡心盡力，不重要就是不重要。像我這種喜歡打仗的戰士，失去沙場是最可怕的折磨，足足失眠三年，每天睡不到三小時，我可以感受到身體裡的生命電池格數不斷往下掉，反覆問自己：

「如果做到六十五歲退休，這種日子還要過上好幾年，值得嗎？」

被失業反而是解脫，也就沒有任何的怨懟。我寫過一篇文章〈謝謝曾經害過你的人〉，談到我們一般人本性都是膽小怯懦，沒有勇氣去改變，當有人推自己一把，其實是在幫助我們去改變，而不是害我們失去既有的部分。也許推得很暴力，可是平心而論，要不是這樣的推法，我們會被推得動嗎？因此要感謝推自己一把的人，還有扶自己一把的人，沒有他們，就沒有今天的自己。

被失業之後，長期失眠的我，終於沉沉睡去，這讓我明白一件事，有時候我們沒有察覺的壓力，身體早就知道。還好這時候新書《你的強大就是你的自由》上市，出版社請我北中南演講，我也就沒有時間消沉與軟弱，而且在二〇一八年十一月四日台北場遇見尹星知識管理學院的營運長ＪＪ，邀請我開課。一開始我很猶豫，因為說話是我的弱點，一點把握也沒有。

想了兩週，決定努力一試，也不是我勇敢，而是失業是突然發生，沒有其他收入來源，畢竟這也是一條路，於是帶著悲壯的口吻跟自己說：「背水一戰吧！」後來的發展，以及再看到LinkedIn創辦人雷德．霍夫曼（Reid Hoffman）寫文章說：「職業生涯中，冒險是最棒的投資。」我知道自己做對了！

## 心魔：暗黑的力量

不過途中並非平坦順遂，原因是尹星主要是開投資理財的課程，而我教的是職場領域：斜槓，加上不太會說話，一開始並未被看好，畢竟我沒有授課經驗，而且從作家跨界到教練是完全不同的領域，加上我初期深感挫折，幾次想放棄，ＪＪ夾在中間兩邊安撫，著實費了不少力氣。過了幾個月，成績逐漸有起色，尹星的老闆郭董年輕有為，幽默地說：

「ＪＪ打爆我們所有人的臉。」

這時候，身體再度反映出不可承受的壓力，我莫名狂咳長達數月，經常咳到臉紅脖子粗，說不出話來。這還得了！馬上跑了至少五家大醫院做檢查，都說身體沒有異樣。一度以為是胃食道逆流導致，連胃鏡都照了，還是找不出原因。我不放棄，又報名幾個矯正課程，依舊不見效果，直到去上台大兼任副教授魏世芬的聲音工作坊，她一上課就說：

「很多人聲音有問題，都以為是聲帶出了狀況，其實不是！癥結在心理。」

這句話把我點醒！其實我是挫折感太深，想要打退堂鼓，下意識狂咳，想用健康因素「全身而退」，不傷及一丁點自尊。於是我回家對著鏡子說：

「你不是身體有病，而是心理有病。」

隔天，諸鬼神散去。好了，不咳了，神奇到今天仍然覺得不可思議。感謝老天爺冥冥中有幫忙，否則這個狂咳數月的靈異事件若是發生在隔年新冠疫情期間，真的會嚇到人！可見得上台講課對我而言，是多麼難以突破！這使得我在斜槓課程的發展，呈現典型的「J型曲線」，最難熬的耕耘時期一過，口碑累積出來，就來到轉捩點，一飛沖天，一年半教出五千多名斜槓基礎班學生。

## 讓所有的發生變得有價值

美國十九世紀詩人亨利．大衛．梭羅（Henry David Thoreau）在散文集《湖濱散記》裡寫道：「許許多多人都在安靜地過著令人絕望的生活。所謂的聽天由命，便是根深蒂固的絕望。」用來形容多數上班族，再傳神不過。上班族來找我諮詢時，通常兩眼黯淡無光，我會建議做一些改變，他們都會反過來問：

「我能嗎？」

如果問的是能不能成功，我的答案是不知道；如果問的是能不能去做，我會說，你無法選擇結果，但是可以選擇行動。上班是滿足老闆的夢想，本來就不容易找到自己的夢想，然而沒有人可以阻撓你追求夢想，只有你自己。下班後做斜槓是一個圓夢的途徑，還能增加收入、提高職涯安全，所以在我的斜槓進階班學生中，看到的永遠是一雙雙發亮的眼睛，閃爍著希望之光。

有一次上吳若權的電台節目，他問我三十年職涯中，哪個工作最有意義，我的答案是教上班族做斜槓，看到自己與學生改變的勇氣和力量，也終於明白自己被失業的意義。《牧羊少年奇幻之旅》書裡有一句話，且讓我借用來送給每個曾經失業、或可能失業的人：

「你必須找到你的寶藏，否則你在途中發生的一切便全都失去了意義。」

國家圖書館出版品預行編目資料

失業教我們的事：想吃雞腿,就別勉強啃雞肋 / 洪雪珍作. -- 初版. -- 臺北市 : 商周, 2020.11
面； 公分
ISBN 978-986-477-946-8(平裝)

1. 失業 2. 職場成功法

542.77 109016393

# 失業教我們的事：想吃雞腿，就別勉強啃雞肋

作　　者／洪雪珍
責任編輯／程鳳儀

版　　權／黃淑敏、翁靜如
行銷業務／林秀津、王瑜
總 編 輯／程鳳儀
總 經 理／彭之琬
事業群總經理／黃淑貞
發 行 人／何飛鵬

法律顧問／元禾法律事務所 王子文律師
出　　版／商周出版
台北市中山區民生東路二段141號4樓
電話：(02) 2500-7008 傳真：(02) 2500-7759
E-mail：bwp.service@cite.com.tw
Blog：http://bwp25007008.pixnet.net/blog
發　　行／英屬蓋曼群島商家庭傳媒股份有限公司城邦分公司
台北市中山區民生東路二段141號2樓
書虫客服服務專線：(02)2500-7718・(02)2500-7719
24小時傳真服務：(02)2500-1990・(02)2500-1991
服務時間：週一至週五09:30-12:00・13:30-17:00
郵撥帳號：19863813　戶名：書虫股份有限公司
讀者服務信箱E-mail：service@readingclub.com.tw
歡迎光臨城邦讀書花園　網址：www.cite.com.tw
香港發行所／城邦（香港）出版集團有限公司
香港灣仔駱克道193號東超商業中心1樓
Email：hkcite@biznetvigator.com
電話：(852)2508-6231　傳真：(852)2578-9337
馬新發行所／城邦(馬新)出版集團 【Cite (M) Sdn. Bhd.】
41, Jalan Radin Anum, Bandar Baru Sri Petaling,
57000 Kuala Lumpur, Malaysia
電話：(603)90578822　傳真：(603)90576622
Email：cite@cite.com.my

封面設計／徐璽工作室
電腦排版／唯翔工作室
印　　刷／韋懋印刷事業有限公司
總 經 銷／聯合發行股份有限公司 電話：(02)2917-8022 傳真：(02)2911-0053
地址：新北市231新店區寶橋路235巷6弄6號2樓

■ 2020年11月05日初版
Printed in Taiwan

定價／380元



ISBN 978-986-477-946-8

商周出版

| 廣　告　回　函 |
| --- |
| 北區郵政管理登記證 |
| 北臺字第10158號 |
| 郵資已付，免貼郵票 |

10480 台北市民生東路二段141號9樓

英屬蓋曼群島商家庭傳媒股份有限公司城邦分公司　收

請沿虛線對摺，謝謝！

商周出版

書號：BH6072　　書名：失業教我們的事：想吃雞腿，就別勉強啃雞肋

請於此處用膠水黏貼

商周出版

# 讀者回函卡

**感謝您購買我們出版的書籍！請費心填寫此回函卡，我們將不定期寄上城邦集團最新的出版訊息。**

不定期好禮相贈！
立即加入：商周出版
Facebook 粉絲團

姓名：＿＿＿＿＿＿＿＿＿＿ 性別：☐男 ☐女

生日：西元＿＿＿＿年＿＿＿＿月＿＿＿＿日

地址：＿＿＿＿＿＿＿＿＿＿

聯絡電話：＿＿＿＿＿＿＿＿ 傳真：＿＿＿＿＿＿＿＿

E-mail ：

學歷：☐ 1. 小學 ☐ 2. 國中 ☐ 3. 高中 ☐ 4. 大學 ☐ 5. 研究所以上

職業：☐ 1. 學生 ☐ 2. 軍公教 ☐ 3. 服務 ☐ 4. 金融 ☐ 5. 製造 ☐ 6. 資訊

☐ 7. 傳播 ☐ 8. 自由業 ☐ 9. 農漁牧 ☐ 10. 家管 ☐ 11. 退休

☐ 12. 其他＿＿＿＿＿＿＿＿

您從何種方式得知本書消息？

☐ 1. 書店 ☐ 2. 網路 ☐ 3. 報紙 ☐ 4. 雜誌 ☐ 5. 廣播 ☐ 6. 電視

☐ 7. 親友推薦 ☐ 8. 其他＿＿＿＿＿＿＿＿

您通常以何種方式購書？

☐ 1. 書店 ☐ 2. 網路 ☐ 3. 傳真訂購 ☐ 4. 郵局劃撥 ☐ 5. 其他＿＿＿＿

您喜歡閱讀那些類別的書籍？

☐ 1. 財經商業 ☐ 2. 自然科學 ☐ 3. 歷史 ☐ 4. 法律 ☐ 5. 文學

☐ 6. 休閒旅遊 ☐ 7. 小說 ☐ 8. 人物傳記 ☐ 9. 生活、勵志 ☐ 10. 其他

對我們的建議：＿＿＿＿＿＿＿＿＿＿



請於此處用膠水黏貼